BIENVENIDO

Espíritu Santo

A MI GENERACIÓN

- Jim & Olga,
Thank you so much for
allowing me to stay here.
It is such a lovely home. I
love every minute of it. Happy 2018!
Blessings Jim
Much love,
Zoah
01·24·18

ZOAH CALVETI

MUSTARD
books

Diseño de cubierta, arte y fotografía: Betances Photo Studio

Estilista: Marilyn Cortes
cortesmarilyn.mc@gmail.com

Video promocional: Natalia Simons
nata.simons@gmail.com

Editado por: **M. Laffitte Ediciones**   M.Laffitte
marcelolaffitte@gmail.com   E D I C I O N E S

ISBN: 978-0-692-91770-1
ISBN E-book: 978-0-692-97105-5

Para invitaciones y órdenes:
agendazoahcalveti@gmail.com

Dedicatoria

Dedico este libro a mi amado Jesús: mi íntimo amigo, mi mayor recompensa. Jesús, ¡cuánto te amo! Dedicaré todo a Ti por siempre. Gracias por Tus fuerzas, amor, impartición, amistad y por cada visita.

A mi madre María A. Díaz de Calveti, quien merece todo mi agradecimiento y lealtad, después de Dios. Gracias por tus innumerables sacrificios, por negarte a ti misma, por tus años de incansable lucha, por tu amor incondicional, por ser una mujer de Dios, por enseñarme a ser una mujer fuerte y valiente y por darme la mejor herencia, a Jesús nuestro Salvador. Gracias por tu apoyo incondicional en todo; realmente no hubiese podido hacer todo lo que hago sin la ayuda de Dios y tuya. Mamá, gracias por creer en cada uno de mis sueños, por motivar y financiar cada proyecto. Eres una mujer obediente, muy humilde y sensible a la voz de Dios. Eres muy brillante, maravillosa y hermosísima. Eres muy inteligente. Te honro hoy y siempre, mi amiga, consejera, madre, profeta y mi reina amada.

Agradecimientos

A mis padres, Juan L. Calveti y María A. Díaz de Calveti: gracias por confiar, apoyar, amarme y creer en mí. Agradezco a Dios enormemente por sus vidas. Son tremendos padres y apóstoles con una fe extravagante. Gracias por todos los cuidados y rodearme de tanto amor. Valoro todos sus detalles y sus grandes esfuerzos en todas las tareas que Dios les ha encomendado aquí en la tierra. Le doy gracias a Dios por ser tan obedientes a Su voz y por creer en los planes de Él para toda nuestra familia. Gracias por ser abridores de brecha. Gracias por permanecer, no importando qué tan difícil haya sido el camino. A través de ustedes he visto cómo el Espíritu Santo ha visitado a nuestra generación. Gracias por invitar a Dios a nuestro hogar. Dios es nuestro mayor tesoro, Él es nuestra recompensa. Los valoro, los honro y los amo grandemente.

A mi hermano, Giosue Calveti: mi hermano y mi gran compañero del camino. Eres un hombre ejemplar y Dios te usó para que yo rindiera mi vida a los pies de Jesús. Eres un apóstol desde muy niño y un hombre con una impartición muy especial del Espíritu Santo. Eres un hombre de multiplicación, visión y creatividad. Infinitas gracias por tu apoyo incondicional en todos mis proyectos. Te doy gracias por tu amistad, amor y consejos. Tu amistad me ha ayudado mucho a amar a Jesús. Sé que Dios te honrará en todo. Eres un tesoro muy amado, un regalo de Dios para todos nosotros. Te amo.

A mis hermanos Daniel Calveti y Shari Calveti: gracias por

amarme tanto. Son un tesoro enorme para mí. Gracias por brindar siempre un ambiente familiar y decorar mi vida de infinitos detalles. Gracias por el regalo de Isaac, Natán y Daniela. Chiquitines, gracias por amarme tanto y llenar mi corazón de tanta alegría y detalles. Aprendo tanto de ustedes, mis chiquitines bellos. Los amo con todo mi corazón. Gracias por rodearme de tanto amor y permitirme escribir este libro en su casa, que está inundada de la presencia de Dios. Disfruto cada minuto que pasamos juntos, llenan mi vida de muchísima alegría. Amo cada memoria que construimos juntos y cada taza de café que compartimos. Gracias por cada consejo y por siempre estar disponibles para mí. Los amo.

A mi hermana Zuleima Castillo Calveti: eres la hermana que siempre pedí a Dios y deseo que sepas que Dios contestó esa petición sobrepasando mis expectativas. Gracias por tanto amor que me has brindado. Gracias por cuidar de mí cuando más lo necesité. Nunca olvidaré todos tus cuidados y detalles. Gracias por impulsarme siempre a ir más allá de los límites, y por ser una mujer visionaria. Admiro muchísimo lo inteligente, emprendedora y valiente que eres. Te extraño muchísimo, pero sé que estás cumpliendo y disfrutando todo el plan de Dios en Jerusalén, Israel. Espero que regreses pronto para ir juntas a la playa, te amo.

A mis hermanos Juan Calveti y Natalia Do Santos de Calveti: gracias por todo lo que han hecho por mí, estoy muy agradecida. Gracias por regalarnos los tesoros más hermosos, Ezequías, Solange y Sofía. Son tesoros hermosos de papá Dios. Gracias por ser una gran inspiración para adorar a Dios. Agradezco a Dios muchísimo por sus vidas. Los amo.

A toda la familia Carucci: son mi familia amada, la única familia que se atrevió a recibirme en su hogar y cuidar de mí durante mi temporada de estudiante en Austin, Texas. Doy infinitas gracias por sus vidas, gracias le doy a Dios por haberlos puesto en mi camino. Gracias por brindarme tanto amor, consejos y llenarme de alegrías. Nunca tendré cómo pagarles y siempre viviré agradecida. Gracias a papá Carucci, mamá Nelly, Marlene, Gabriel, Jonathan y Sunshine por todo lo que han hecho por mí, y sobre todo por ser familia. Los honro y los amo muchísimo.

Al Centro Cristiano Fruto de la Vid, Gurabo, Puerto Rico: amo todo de nuestra iglesia local… absolutamente todo. Mi lugar favorito es el altar, allí he vivido momentos inolvidables con Jesús. Gracias doy por cada uno de ustedes y por mis padres por creer en el sueño de Dios aquí en Puerto Rico. Son un tesoro enorme para mi vida. Infinitas gracias por todo el apoyo que nos han brindado como familia. Son ejemplares en todo. Gracias por tanto amor y por rodearnos de tantos detalles. Vivimos totalmente agradecidos. Tengo muchísimas razones por las cuales me siento agradecida, pero en específico, por el apoyo durante todos estos años y en este tiempo mientras escribía el libro. Son hombres y mujeres valientes de Dios, ustedes no ven nada imposible. Cada día me sorprenden por la manera en que le han creído a Dios. Ruego a Dios que los recompense con lo mejor del trigo para ustedes y sus generaciones. Son el mejor equipo del mundo. Los amo enormemente.

A *Fruit of the Vine International, Inc.*: gracias por todo el apoyo a lo largo de los años. Gracias por permanecer y amar a mis padres. Los bendigo enormemente. Admiro muchísimo la valentía que cada uno de ustedes ha tenido para llevar a cabo la agenda de Jesús aquí en la tierra. Son muy valientes y admirables. Gracias por todo el amor que nos han brindado y por cuidarnos de distintas maneras. Un gran abrazo.

Al Centro Cristiano Fruto de la Vid, Toa Alta: son un tesoro de Dios para nuestras vidas. Son realmente admirables y no tengo palabras para agradecer todo lo que han hecho por nosotros. Gracias por el apoyo incondicional y por ser una sola familia en Jesús. El ejemplo de unidad y entrega que he percibido y recibido de cada uno de ustedes es impresionante. Cada acción vuestra ha impactado mi corazón de amor. Los honro y los amo, en especial a los pastores Luis Orlando Cruz y Daly Olavarría, por su amor y entrega incondicional. Gracias por apoyarnos en las 24 horas que hacemos cada mes. Muchísimas gracias a todo el ministerio de adoración de la casa por siempre decir presente y apoyar en las 24 horas y en cada evento. Infinitas gracias a Luis Jean Cruz Olavarría, Jean Cruz Olavarría y a Bryan Abdiel Cintrón Berríos por siempre estar allí, gracias por creer en mí y por todo el tiempo y amor que invierten. Son admirables y los valoro muchísimo. Amo adorar a Dios con cada uno de ustedes. Los amo muchísimo.

Al equipo de Arpa y Copa del Centro Cristiano Fruto de la Vid, Gurabo: son un regalo impresionante de Dios en mi vida. Gracias por creer en Dios y confiar en Sus planes. Admiro muchísimo su fidelidad, entrega, constancia y permanencia a Dios. Gracias por estar allí desde el principio. Son una generación pionera de adoración e intercesión del avivamiento en Puerto Rico. Gracias a Wanda Rodríguez, Jomhara Barbosa, Michael Saldaña, Jean Paul Saldaña, William Rosado e Ian Carlo Sánchez. Gracias por todo lo que han hecho y por su apoyo incondicional a mi vida. Son una generación de conquista y multiplicación. Los honro, los amo y valoro muchísimo.

Al Dr. Luis A. De Jesús Vargas: es una gran bendición a nuestras vidas y no tengo palabras cómo agradecer todo lo que ha hecho. Dr. De Jesús, gracias por ser un instrumento de Dios en esta tierra para muchos, incluyéndome a mí. Infinitas gracias por todos sus cuidados y bendiciones. Agradezco cada uno de sus consejos y recomendaciones. Que Dios le recompense por siempre y le conceda todas las peticiones de su corazón. Lo honro y respeto muchísimo.

Al Dr. Laureano Giráldez-Casasnovas: es usted muy especial para mí. Es un excelente médico y un gran ser de Dios aquí en la tierra. Usted está lleno de Dios, tiene mucha vocación y amor por sus pacientes. Siempre estaré agradecida con Dios por haberlo puesto en mi camino. Lo honro y respeto muchísimo.

A Felicita (Mamá Fela) Román: eres una mujer a quien amo y admiro muchísimo por permanecer a nuestro lado a lo largo de los años. Gracias por estar en las altas y en las bajas. Eres una mujer que edifica y construye sin ningún temor. Has sabido ser paciente y leal. Gracias por todo tu amor y entrega. Realmente tu apoyo ha sido admirable y esencial en cada uno de los proyectos. Eres familia y disfruto muchísimo nuestra amistad. Te amo, te honro y valoro muchísimo, profeta de Dios.

A Gladis Román: infinitas gracias por todos tus detalles. Nunca olvidaré la manera en que cuidaste de mi mamá con tanto amor. Tengo tanto que agradecerte. Gracias por estar allí cuando te he necesitado. Por apoyar la estadía de ministros de Dios en nuestro hogar. Eres una mujer de honra y muy valiosa para todos nosotros. Admiro muchísimo tu obediencia a Dios y fidelidad. Deseo que sepas que creo en el depósito que Dios ha puesto en tu vida. Te honro y te amo muchísimo.

A Aracelis Nuñez: gracias por ser una gran amiga. Admiro la obra de Dios en tu vida. Doy muchas gracias a Dios por quién eres. Gracias por todo tu apoyo durante el tiempo que compartimos en el Centro Cristiano Fruto de la Vid, Gurabo. Siempre has estado allí en cada proyecto desde hace muchos años. Eres una mujer de Dios y alguien que ha sabido permanecer firme en la integridad de la Palabra de Dios a lo largo de los años. Te honro, te valoro y amo muchísimo.

A Ana Román: gracias por amarme tanto y por permanecer a lo largo de todos estos años. Eres una mujer muy valiosa y de muchos detalles. Gracias por siempre estar allí para mí. Te honro, te amo y te valoro muchísimo.

A Migdalia Román: gracias por todo lo que has hecho. Eres una mujer muy sembradora y de un corazón noble. Gracias por todos tus detalles con los cuales siempre me impactas, y por estar siempre allí. Te honro y te amo muchísimo.

A Elaine Tirado: eres una mujer maravillosa que ha sembrado amor en nuestras vidas durante muchísimos años. Siempre te comento que eres la amiga que todos desearían tener. Admiro tu lealtad, amor, organización, constancia, diligencia, fidelidad y entrega con la que haces cada una de las cosas. Honestamente, no hubiese podido lograr ninguno de estos proyectos sin la ayuda de Dios y de personas como tú. Ruego a Dios que te recompense diez mil veces más por todo lo que has hecho por nosotros como familia. Has sembrado muchas memorias de amor en mi vida y eso nunca lo olvidaré. Te honro, te amo y valoro muchísimo.

A Ana Ceruto: no sabes cuánto agradezco a Dios por ti. Gracias por derramar tu vida ante Dios de la manera en que lo has hecho. Gracias por estar siempre a nuestro lado a lo largo de los años. Eres un gran ejemplo de lealtad y fidelidad. Eres una columna fuerte que Dios ha hecho. Te honro, te amo y valoro muchísimo.

A Daisy De León: no tengo palabras para agradecerte por todo tu apoyo y por todo lo que has hecho por nosotros. Realmente has sido una columna de fuerza estable para todos los proyectos. Admiro muchísimo tu valentía y sabiduría para edificar. Eres increíblemente emprendedora y te doy gracias por todo. Gracias por tu apoyo incondicional y por permanecer fiel a lo largo de los años. Dios te ha regalado un corazón noble, compasivo y lleno de mucho amor. Espero leer tu libro que sé que saldrá pronto. Te honro, te amo y te valoro muchísimo.

A McLin Colón: gracias por tu apoyo incondicional. Gracias por llenarnos de muchísimas expresiones de amor. Gracias por permanecer, eres una guerrera, una mujer admirable y con un corazón íntegro para Dios. Gracias por estar siempre y apoyar cada uno de los proyectos. Que el Señor te recompense enormemente por todo lo que has hecho. Te honro, te amo y vivo muy agradecida contigo.

A Laura Díaz: te honro y te amo. Gracias por siempre estar presente. Gracias por tu arduo trabajo para Dios durante todos estos años. Gracias por permanecer a nuestro lado todo este tiempo. Gracias por llevar a cabo con amor y excelencia cada tarea que Dios ha puesto en tus manos. Gracias por edificar con amor y con la llenura del Espíritu Santo. Es hermosa la manera cómo has valorado la intercesión. Eres una mujer maravillosa y agradezco a Dios por tu vida. No tengo palabras para agradecerte por todo. Te bendigo en esta nueva etapa de tu vida. Te honro y te amo muchísimo.

A Wanda Rodríguez: la primera palabra que viene a mi mente cuando pienso en ti es: agradecimiento. Infinitas gracias por todo el apoyo que me has brindado desde el principio. Eres una mujer de Dios y de una capacidad impresionante para Su reino. Te agradezco por cada minuto de tu servicio a Dios y el compromiso leal que tienes para con Él. Admiro la manera en que sirves a Dios y el amor con el que emprendes cada tarea. Tu apoyo ha sido clave durante los servicios a las 6:00 pm, las 24 horas, los discipulados y cada proyecto. Te amo y te bendigo.

A Luis Noel García y Rosa Iris Ortiz: les doy tantas gracias por todos los gestos de amor que han tenido para cada uno de nosotros. Siempre impactan mi corazón con cada detalle. Gracias por ser un ejemplo de integridad y honra a mi vida. Gracias por el apoyo incondicional en cada uno de los proyectos. Gracias por estar a nuestro lado y ser leales en las altas y en las bajas. Gracias por ser unos padres ejemplares. Los honro y amo enormemente.

A María Ivelisse Rodríguez: infinitas gracias por tu apoyo, fidelidad y entrega a Dios a lo largo de los años. Eres una mujer de Dios impresionante y has emprendido tareas increíbles. Entre las tareas que Dios te ha entregado, el ser Pastora de Adoración, lo has hecho con entrega y fidelidad. Eres ejemplar en todo lo que emprendes y doy gracias a Dios por tu vida. Gracias por ser una amiga y por ser una compañera del Reino impresionante. Que Dios te bendiga y corone enormemente. Te honro y te amo.

A Jomhara Barbosa: gracias, infinitas gracias le doy a Dios por tu vida. Gracias por estar siempre allí para mí desde el principio. Gracias por creer en mí y apoyarme. Eres una mujer muy leal a Dios y de corazón puro. Eres una columna impresionante en la casa de Dios. Específicamente te quiero agradecer por estar allí para mí en el servicio de las 6:00 pm, en las 24 horas, y en cada proyecto o en cada trabajo que he tenido que emprender. Gracias por las horas largas que has invertido para servir a Dios y ayudarnos. Te honro, te amo y te valoro muchísimo.

A Ian Carlo Sánchez: gracias por estar allí para mí desde el principio. Eres un hombre que sabe edificar, esperar y permanecer. Gracias por estar allí dirigiendo la adoración desde el principio del servicio de las 6:00 pm, por permanecer en las 24 horas y en cada proyecto que he emprendido. Honestamente, tu apoyo ha sido significativo en mi vida. Te agradezco tanto todo lo que has hecho. Gracias por creer en mí e impulsarme. Eres un gran hermano para mí. Ruego a Dios que te honre y recompense en toda tu vida, bendigo tu familia y todos los proyectos que Dios te continuará regalando. Te honro y te amo enormemente.

A la familia Saldaña Pomales: son un gran tesoro para mi vida.

Gracias por compartir momentos importantes de edificación en nuestras vidas. Agradezco a Dios por cada uno de ustedes, especialmente por su tiempo de vida invertida totalmente en la casa de Dios. Gracias por los infinitos detalles y por derramar sus vidas a Jesús de la manera en que lo han hecho. Estoy muy agradecida. Ruego a Dios Su bendición, honra y bondad por siempre para ustedes, que los acompañe en todo lugar. Los honro, los valoro y amo muchísimo.

A Michael Saldaña: gracias por ser un hombre del Reino de Dios. Muchísimas gracias por todo lo que hiciste durante del tiempo en el Centro Cristiano Fruto de la Vid, Gurabo. Eres un guerrero y un hombre emprendedor. Gracias por emprender tantas tareas responsablemente y con valentía. Muchísimas gracias doy a Dios por aquella conversación donde fuiste guiado por Dios y mencionaste hacer las 24 horas de adoración e intercesión. Siempre recuerdo tu hambre y sed por el avivamiento de Dios en la tierra. Gracias por estar allí desde el principio. Ruego a Dios que te bendiga en todo tu camino y en todo lo que emprendas. Yo sé que largo camino tienes por delante en el Reino de Dios y las naciones te esperan. Continúa llevando la semilla del evangelio de Jesús con rapidez, intercesión, pasión y estrategias. Nunca olvides que Jesús es tu recompensa. Te honro, te valoro y te amo muchísimo. Infinitas gracias.

A Jean Paul Saldaña: eres un gran tesoro para mí, un hombre de testimonio. Gracias por siempre estar presente y edificar desde el principio. Cuando pienso en ti, pienso que eres un hombre de Dios que lleva frutos en abundancia para Él. Nunca olvido la importancia que tiene la voluntad de Dios en tu vida. Le doy muchísimas gracias a Dios por haberte puesto en mi camino, has sido de gran apoyo en tiempos precisos. Gracias por tu tiempo de vida y por tus miles de detalles en el Centro Cristiano Fruto de la Vid, Gurabo. Yo sé que serás recompensado enormemente en todo por la misma mano de Dios. Continúa con tu corazón firme en la Palabra de Dios, eres un varón fiel a la Palabra. Te honro, te valoro y amo muchísimo. Infinitas gracias.

A Israel Acevedo y Deborah Figueroa: son un gran tesoro para mí. Gracias por estar siempre para mí desde el principio. Son una columna muy fuerte y estable de la casa. Admiro muchísimo todas las tareas que hacen para Dios con tanto amor. Puedo ver la pasión que tienen por Jesús en cada tarea que emprenden y desarrollan. Infinitas gracias por llevar a Nuevos Comienzos con tanta excelencia, responsabilidad y entrega. Los honro grandemente, los valoro y amo muchísimo.

A Carlos Domínguez y Marian Danzot: son un gran tesoro para mí. Gracias por amarme y consentirme tanto como una hija. Gracias por sus miles de detalles. Honestamente, no hubiese podido emprender muchos de los proyectos sin la ayuda de Dios y personas como ustedes. Han sido columnas fuertes para las 24 horas y en todo el evangelismo que hemos emprendido en Puerto Rico. Ruego a Dios que conceda las peticiones de sus corazones y les recompense enormemente. Los honro en grande, los amo y los valoro muchísimo. Infinitas gracias.

A Danitza Bruno Dávila: eres una mujer de Dios a quien valoro muchísimo. Gracias por todo lo que has hecho durante todo este tiempo. Gracias por acompañarme en cada clase del Espíritu

Santo y estar siempre presente con la mejor actitud. Deseo expresarte que admiro la obra de Dios en tu vida y todo lo que Dios tiene para ti. Muchísimas gracias por todo el apoyo en cada 24 horas de adoración e intercesión. Ruego a Dios que te recompense por siempre a ti y a toda tu generación. Te honro, te valoro y amo.

A Carlos Rivas y Jenny Danzot: gracias por tanto amor y entrega. Son un ejemplo de unidad familiar y siempre llenan mi vida de mucho amor. Gracias por estar allí para mí desde el principio, por ayudarme a dar los primeros pasos aquí en Puerto Rico. Gracias por toda la honra y por todo lo que hacen en secreto para amar a mi familia de infinitas maneras. No tengo palabras para agradecer. Son un tesoro para mí y vivo agradecida. Los honro grandemente y los amo con todo mi corazón.

A Julio Rosa, Aixa Pomales y Doña Paqui: gracias por ser tan especiales. Por su gran apoyo y siembra para el Reino de Dios. Infinitas gracias por todos los detalles de amor y por estar siempre presentes. Agradezco en especial a Dios por la vida de Doña Paqui, quien fue una mujer ejemplar y sembradora del Reino de Dios. Me hubiese gustado muchísimo que este libro lo haya visto impreso, honro su memoria. Los honro, valoro y amo muchísimo.

A todos los profetas: ustedes se han dejado usar por Dios para hablar a mi vida cuando más lo necesité. Admiro la pureza, respeto e integridad a Dios que tienen y la obediencia al Espíritu Santo. La voz profética de Dios es sumamente importante en mi vida. A Juan Calveti y María A. Díaz de Calveti, Giosue Calveti, José Ramón Carucci, apóstoles José Oscar y Ruth Pinto, profetas de Iglesia Tsebaoth en Honduras, Timothy y Olga Erickson, Anna Welte, Corey and Meredith Stark, Renate McWright, Rubén y Susan Méndez, Pastora Paola Canela, Wanda Rodríguez y toda la impartición que recibí en International House of Prayer, Kansas City (IHOPKC) a través de todo el equipo de Immerse durante el mes de junio 2016.

A Frank Soto y Yadira Russe: gracias por todos sus detalles y regalos. Son un tesoro de Dios en mi vida. Admiro muchísimo la manera en que practican el evangelio y sirven a Dios amando a otros. Gracias por todo el apoyo en cada proyecto, han sido esenciales en todo. Gracias por estar allí para mí desde el principio. Por bendecir mi vida a través de O'Hair Salon. Los honro, los amo y los bendigo grandemente.

A Jonathan Albarran y Elizandra Ortiz: gracias por tanto amor desde el principio. Gracias por bendecir mi vida de muchas maneras. Agradezco a Dios tanto por sus vidas. Son grandes amigos y con corazones hermosos para Dios. Los amo y valoro muchísimo.

A Raúl Casanova y Mariela González: son un regalo de Dios para nuestras vidas. Han sido un apoyo increíble, especialmente en estos últimos tiempos. Gracias por siempre decir que sí y por servir a Dios con tanto amor. Infinitas gracias doy a Dios por ustedes y por enviarlos en un tiempo preciso para nuestras vidas. Los honro y los amo muchísimo.

A Delia Aponte: gracias por ser una mujer tan especial. Gracias por tu apoyo en todo, ha sido de gran estima en mi vida.

Eres una columna muy importante para nosotros. Gracias por cada uno de tus detalles y por amarnos tanto. Gracias por estar siempre presente. Eres una mujer muy valiente y con un corazón compasivo. Te valoro y te amo muchísimo.

A Ileana González Rivera: qué buena amiga eres, disfruto mucho nuestra amistad. Gracias por tu apoyo incondicional en todo. Eres un gran tesoro. Dios nos ha permitido vivir momentos inolvidables durante tiempos de adoración e intercesión en Su altar. Eres una intercesora poderosa y creo firmemente en la impartición de Dios en ti. Te honro, te valoro y amo muchísimo.

A la familia Simons: son un gran tesoro. Gracias por su fidelidad y apoyo en todos los proyectos. Han sido piezas claves durante todo este tiempo. Admiro la obra de Dios en cada uno de ustedes. Gracias Don Papo, María, Tania, Doris y Natalia. Disfruto muchísimo cada vez que visito su hogar y compartimos lindas memorias. Los amo mucho y les doy gracias por amarme tanto. Los honro, los valoro y amo.

A la familia Morales: son un gran tesoro. Gracias por servir dentro y fuera de tiempo. Han sido instrumentos de Dios esenciales durante esta temporada. Admiro y valoro muchísimo todo lo que hacen para Dios. Gracias por ser de gran apoyo durante toda esta temporada. Son una familia muy especial. Gracias Abismael, Sara, Abisrael, Joshua y Xaris por todo. Los honro y amo enormemente.

A Robert Hughes y Evelyn Adames: los honro enormemente. Son un gran ejemplo de fidelidad y permanencia. Gracias por su apoyo incondicional, especialmente en esta temporada de mi vida. Gracias por todo lo que hacen, cada detalle ha sido muy valioso para mí. Mi oración es que Dios pueda contestar la petición de sus corazones. Ruego a Dios por todas Sus bendiciones para ustedes hoy y siempre. Los honro, valoro y amo muchísimo.

A María Nuñez y Reinaldo Valentín: son un tesoro de Dios para todos nosotros. Infinitas gracias por todo lo que han hecho. Han sido un apoyo increíble y llegaron a nuestras vidas en un momento preciso. Gracias por derramar e invertir sus vidas de la manera en que lo hacen. Son un ejemplo de valentía. Los honro, los valoro y amo muchísimo.

A Marcelo Laffitte: quiero agradecerle profundamente por abrazar este libro con tanto amor, dedicación, excelencia y paciencia. Nunca olvidaré esa semana cuando estaba en ayuno implorando a Dios y pidiendo un excelente editor que apreciara la voz del Espíritu Santo. Tan pronto culminé ese ayuno pude encontrarlo a usted. Sabía que provenía del Espíritu Santo, eres una respuesta de Dios. Fue muy importante encontrarlo por infinitas razones y una de ellas es que este libro iba a expresar la voz de todos los venezolanos y de muchos pastores. Deseo agradecer la capacidad que tiene para abrazar a mi generación y por ayudarme a dirigir este proyecto, mi primer libro. Espero trabajar todos los proyectos por venir con usted y toda su compañía. Son un equipo excelente. Un gran abrazo y todo mi respeto.

A Luis Jean Cruz Olavarría: gracias por siempre estar presente. Eres un excelente hermano y doy gracias a Dios por tu vida en todo. Gracias por tu apoyo incondicional en cada evento.

Agradezco muchísimo todo. Gracias por siempre tener una gran sonrisa y estar dispuesto a servir a Dios. Gracias por todos tus detalles. Eres un ejemplo de unidad en el cuerpo de Jesucristo y eso es admirable. Admiro muchísimo la gran labor que hacer con tus padres en Toa Alta. Dios bendice la obediencia y entrega. Estas haciendo un excelente trabajo y estoy muy orgullosa de ti. Ruego a Dios que te bendiga en todo y prospere todo tu camino. Te honro, valoro y amo muchísimo. Somos una familia.

A Jean Cruz Olavarría (JeanCo): deseo honrarte grandemente. Deseo que sepas que estoy muy agradecida con Dios por tu vida. Gracias por todas las siembras que has hecho en mi vida y en la Novia de Jesús. Valoro muchísimo tu trabajo, pasión y entrega en el Reino de Dios. Tienes una unción muy tierna del Espíritu Santo y eres un gran amigo de Él. Admiro tu sensibilidad al Espíritu Santo y el deseo profundo de hacer que el cielo descienda a la tierra mediante la adoración. Disfruto mucho adorar a Dios contigo, gracias por ser un excelente vaso en las manos de Dios. Gracias por creer en mí e invertirte como director musical, gracias por todo tu apoyo incondicional y por siempre proveer palabras de apoyo. Eres un gran ejemplo para mí, mi hermano pequeño. Te amo y valoro muchísimo. Somos una familia.

A Juan Carlos Ruiz y Keila Cristina Pérez: no tengo palabras para agradecerles toda la ayuda que nos han dado, especialmente en la temporada del huracán María que azoto a nuestro Puerto Rico enormemente. Dios siempre nos cuida y nos protege de mil maneras y siento que Dios los envió a ustedes a nuestras vidas en un tiempo favorable. Gracias por llevar el peso de Gloria con nosotros y estar mano a mano en todo el proceso de reconstrucción. Son personas valientes y que reconstruyen con las fuerzas del Espíritu Santo. Honestamente…gracias por no abandonarnos y no soltarnos la mano. Han impactado nuestras vidas de mil maneras en tan poco tiempo. Espero algún día poderles honrar y también servirles de la misma manera. Por siempre estaré agradecida y guardare todos estos recuerdos en mi corazón. Los honro, valoro y amo muchísimo.

A los Pastores Feliciano Serrano y Yaritza Pérez: gracias por consentirnos muchísimo y por cuidar de mis padres de la manera que lo hacen. Los honro a ustedes y a todo el Fruto de la Vid, San Juan. Son un tesoro enorme y estoy muy agradecida con Dios por ustedes. Son personas leales a Dios y sus padres espirituales, y eso es de gran ejemplo a mi vida. Los honro, valoro y amo muchísimo.

A los Pastores Edwin Serrano y Miurka Díaz: infinitas gracias por tanto amor y detalles. Gracias por cuidar de mis padres de la manera en que lo hacen. Han sido de gran bendición a nuestras vidas. Admiro muchísimo todo el trabajo que ejercen en el lugar donde Dios los ha llamado. Son una familia unida espiritual y eso es hermoso. Los bendigo, honro, valoro y amo muchísimo.

A David y Jannine Franco: tengo tanto que agradecer a Dios por sus vidas. Admiro su fidelidad a Dios y la manera que han derramado sus vidas a Jesús. Gracias por amarnos tanto como familia y siempre estar presente. Valoro muchísimo cada minuto de su tiempo. Son un tesoro hermoso de Dios, una bella familia. Ruego a Dios que los bendiga y los honre grandemente. Que Dios bendiga el llamado que ha puesto en ustedes como familia. Los honro, los valoro y amo muchísimo.

Algunas opiniones del libro y lo que Dios está haciendo en esta generación...

Este libro, es una gran herramienta de bendición para toda persona a quien le apasione escuchar la voz de Dios. Zoah Calveti es una de las ministras jóvenes que forma parte de la generación de relevo. Es una joven apasionada, enamorada, por estar postrada a los pies del Maestro, Jesús de Nazaret. Ella tiene hambre y sed por la oración y la adoración profética, la Palabra de Dios cantada. Doy gracias a Dios por su vida, por dejarse usar por Dios con Su inspiración para escribir este libro, el cual nos estimulará el apetito de buscar a Dios profundamente.

María A. Díaz de Calveti
Apóstol de la Red Apostólica Fruit of the Vine International, Inc.
Centro Cristiano Fruto de la Vid, Gurabo, Puerto Rico

....

El momento en que comiences el primer capítulo de este libro, te verás rendido y postrado a los pies del Amado de nuestra alma. Libros como este me gustan ya que inspiran a buscar Su presencia. El enfoque de este libro está totalmente en el Rey y de eso se trata nuestras vidas.

Giosue Calveti
Pastor
Centro Cristiano Fruto de la Vid, Gurabo, Puerto Rico

Una de las preguntas más comunes del cristiano es: ¿Cómo puedo saber lo que hay en el corazón de Dios para mí? Jesús respondió esta pregunta en Juan 14:26: *"Pero el Consolador, el Espíritu Santo, a quien el Padre enviará en mi nombre, les enseñará todas las cosas y les hará recordar todo lo que les he dicho"* (NVI). Quien nos enseñará todas las cosas y nos recordará las palabras de Jesús es sólo el Espíritu Santo, la promesa de nuestro Señor Jesucristo antes de subir a los cielos para todo aquel que cree en Él. Necesitamos más libros como este acerca del Espíritu Santo, ya que es vital Su presencia en nosotros. Por este libro conocerás más de quién es el Espíritu Santo; cómo lo puedes recibir; aprender a escuchar Su voz y también cómo podrás crear una relación apasionada con Él.

Conozco a mi hermana Zoah y su entrega a Jesús. Admiro la relación que tiene con el Espíritu Santo y su pasión por transmitirlo a esta generación. Te bendecirá leer este libro y tu amor por la presencia del Espíritu Santo crecerá. Me alegra saber que hay personas como Zoah, deseosas de enseñar a esta generación a amar la presencia del Espíritu Santo.

Daniel Calveti
Cantautor y Escritor

....

Este libro es una herramienta que ayudará a cada lector a alinear todo su ser interior para hallar verdadera intimidad con Jesucristo a través del Espíritu Santo. Te ayudará a elevar tu nivel de espiritualidad en Cristo Jesús. Tu fe será aumentada y tu carácter fortalecido.

Luis Noel García y Rosa Iris Ortiz
Pastores de Jóvenes
Centro Cristiano Fruto de la Vid, Gurabo, Puerto Rico

....

La presencia de Dios es activa y dinámica. Ella está siendo impartida a todos aquellos que le buscan en *"espíritu y en verdad,"* con todo su corazón (Juan 4:23). Aquellos que gimen y claman por un avivamiento, aquellos que claman noche y día en las naciones están recibiendo un depósito del cielo en la tierra para buscarle a Él y adorarle más. Cada vez que vamos a Su presencia en humillación y humildad Él hace algo nuevo. Es nuestra tarea como iglesia y como novia de Jesucristo pedir por Su presencia en las naciones hasta que la manifestación de la gloria de Jesús sea revelada.

María Ivelisse Rodríguez
Pastora de Adoración
Centro Cristiano Fruto de la Vid, Gurabo, Puerto Rico

....

Pasión es para mí Su presencia. Es un sentimiento fuerte por estar a Su lado, por sentir Su amor, por escuchar Su Voz y anhelar conocerle. Reconocer que cuando llega ese momento, va a producir en mí paz, gozo, alegría, lágrimas, descanso y silencio.

Estos son mis mejores momentos en Su presencia, anhelo con todo mi corazón cada ocasión que he separado para Él. Para mí, buscarle, adorarle y alabarle es el motor de mi vida.

Wanda Rodríguez
Adoradora, intercesora, maestra y pionera
del avivamiento en Puerto Rico
Centro Cristiano Fruto de la Vid, Gurabo, Puerto Rico

....

La adoración es un estilo de vida, es la obediencia a Su Palabra con temor reverente. Todo lo que hago en cada área de mi vida es una expresión de adoración a Dios, que es la entrega sin reservas de todo mi ser. Es amarle y deleitarme en Su presencia al contemplar la hermosura de Su santidad.

Jomhara Barbosa
Adoradora, intercesora, maestra y pionera
del avivamiento en Puerto Rico
Centro Cristiano Fruto de la Vid, Gurabo, Puerto Rico

....

La presencia de Dios es algo que marca tu vida para siempre, de esas cosas que cuando las sientes una vez, no puedes volver atrás. A través de los años en el ministerio, he podido compartir grandes experiencias junto a mi amiga Zoah Calveti, quien es una de esas personas que te impulsa siempre a mayores cosas; la presencia de Dios es muy fuerte en cada paso que da y en cada palabra que sale de ella. Si tienes este libro en tus manos, prepárate para ser transformado por Su presencia, y para ser impactado con una nueva visión de Su corazón. La presencia de Dios es la habitación en donde se origina el avivamiento.

Ian Carlo Sánchez
Adorador, intercesor, maestro y pionero
del avivamiento en Puerto Rico
Centro Cristiano Fruto de la Vid, Gurabo, Puerto Rico

....

Las 24 horas de adoración e intercesión han sido como un lugar de descanso para mi vida. Es el lugar que, cuando llegas, puedes dejar toda carga y deleitarte en la presencia de Dios. Esto ha sido de gran bendición para mi vida y la de mi familia, y estoy seguro de que será de bendición para mi generación, como una generación apasionada en buscar la presencia de Dios.

Reinaldo Veguilla Osuna
Líder de Audiovisuales
Centro Cristiano Fruto de la Vid, Gurabo, Puerto Rico

....

Una característica de la iglesia de los últimos tiempos es que la misma contemple la presencia de Dios en adoración y oración. Zoah es un vivo ejemplo de eso. Este libro contiene principios y enseñanzas muy poderosas que te ayudarán a vivir cada día en

Su presencia y en Su santidad. No tan solo ella lo enseña, más bien lo vive, y yo soy testigo de eso. Gracias, Zoah, por equiparnos con tan poderoso principio.

Michael Saldaña
Adorador, intercesor, evangelista, maestro y pionero
del avivamiento en Puerto Rico
Centro Cristiano Fruto de la Vid, Gurabo, Puerto Rico

....

Presencia puede ser una palabra que estamos acostumbrados a escuchar en iglesias, reuniones y cada servicio, pero no es muy practicada en nuestra vida de intimidad. Hablamos de Su presencia, predicamos de Su presencia, pero más allá de eso Dios siempre ha querido que la vivamos. En este libro Zoah nos lleva en una aventura con el Espíritu Santo para desarrollar en nosotros una relación más íntima con Su presencia. Zoah te ayudará a dejar que lo inusual de Su presencia se vuelva habitual en tu vida.

Jean Paul Saldaña
Adorador, intercesor, evangelista, maestro y pionero
del avivamiento en Puerto Rico
Centro Cristiano Fruto de la Vid, Gurabo, Puerto Rico

....

Tiempos de intimidad, tiempos con el Amado, donde todo se detiene sólo para adorarlo. No hay manera de vivir sin estos tiempos, lo demás es sobrevivir. Como todo lo nuevo, puede resultar difícil, y más aún en medio de este mundo convulsionando. ¡Llegar a la cita! Lugar y hora donde tú sabes que el Amado te espera con las mismas ansias con que tú deseas llegar. Una vez allí sientes que el mundo se detiene y sólo están tú y Él... No termina este encuentro, cuando ya estás anhelando el próximo. Finalmente, todo se convierte en una vivencia, en un estilo de vida. ¿No lo has experimentado? Te invito a leer este libro: te llevará a vivir la experiencia de estar en Su presencia.

L. Orlando Cruz
Pastor principal
Centro Cristiano Fruto de la Vid, Toa Alta, Puerto Rico

....

Presencia e intimidad están en el mismo lugar. En ese lugar secreto, escondido, sencillo, lugar seguro, de paz, donde siempre llego a conversar con el Amado. Ese Amado que me conoce como nadie, que sabe todo de mí, y aún así me ama. Cada día me enseña algo nuevo para poder aplicar a mi vida. Junto a Él, en ese lugar obtengo las más grandes victorias. Es allí donde mi vida comenzó a cambiar, en Su presencia. Si quieres algo nuevo y diferente cada día, busca tu lugar y vive tu propia experiencia, será lo más hermoso y sentirás el verdadero amor.

Daly Olavarría
Pastora principal junto a su esposo Pastor L. Orlando Cruz
Centro Cristiano Fruto de la Vid, Toa Alta, Puerto Rico

....

La presencia de Dios es el motor de nuestras vidas. ¿Cómo podemos vivir sin la presencia de nuestro Creador? Jesús abrió la puerta de Su intimidad por amor a nosotros, para que entremos, podamos conocerlo y adorarlo. Su presencia no depende de un lugar sino de un estilo de vida. El vivir constantemente en una relación intima con Él me hace conocer Su corazón y entender cuál es Su voluntad para mi vida. La intimidad de ser uno con Él como hijos suyos es el regalo más preciado. En Su *presencia hay plenitud*" (Salmos 16:11). Te invito a leer este libro y permanecer en Su presencia.

Jean Cruz Olavarría
Director Musical
Centro Cristiano Fruto de la Vid, Toa Alta, Puerto Rico

....

Mi experiencia en la adoración es sobrenatural, porque con la adoración es que yo puedo entender a Dios, donde toda carga que tengo se va. Y lo más que me gusta, es la adoración espontánea, en el que uno hace lo que sale del corazón a Dios; allí siento que saco lo mejor para Él y eso me enamora más.

Bryan Abdiel Cintrón Berrios
Adorador
Centro Cristiano Fruto de la Vid, Toa Alta, Puerto Rico

....

No hay lugar más hermoso que estar en la presencia de nuestro amado Jesús, donde encontramos y miramos Su rostro. La presencia de Dios debemos provocarla y mantenerla en todo tiempo, ya que debe permanecer en nosotros. Que podamos ser portadores de ella, e impartirla en cada lugar que vayamos y ministremos acerca de quién es Él. La presencia va más allá de un cuarto y cuatro paredes… la presencia de Dios es dejar que Él permanezca presente en todo tiempo y en todo lugar. Somos llamados adoradores aquellos que ministramos el corazón de nuestro amado Cristo, aquellos que perfumamos Su trono con el incienso de nuestra adoración, que va más allá de cantar y tocar un instrumento. La adoración que realmente Dios busca es aquella que es dirigida por Su Espíritu Santo. Y es aquella que es ministrada a través de la verdad que es la Palabra de Dios. Dios busca *"adoradores en espíritu y verdad"* (Juan 4:23). Dios está buscando esos adoradores en estos tiempos. ¿Estás listo para ser uno de ellos?

Luis Jean Cruz Olavarría
Líder de Adoración
Centro Cristiano Fruto de la Vid, Toa Alta, Puerto Rico

....

Pastora Zoah Calveti es una mujer que ha decidido creerle a Dios. Nuestro Abba Padre ha depositado en ella la oportunidad de colaborar en las 24 horas de adoración e intercesión. Ella y todo el equipo en obediencia a Dios pusieron a correr las 24 horas y en un futuro cercano esperamos que sea 24/7. Ella ha sido un instrumento de Dios en Puerto Rico para que un pueblo se levante para exaltar el nombre de nuestro Abba Padre. Gracias, pastora Zoah, por la iniciativa de cambiar el ambiente. No tienen idea la bendición que ha sido para mi vida y para la vida de muchos. Yo bendigo su vida y con mucho amor escribo estas líneas.

Elaine Tirado
Adoradora, intercesora y administradora
Centro Cristiano Fruto de la Vid, Gurabo, Puerto Rico

....

La adoración es el gozo y la traducción de las intenciones del corazón de Dios para nuestras vidas. Es el momento, el espacio, la intimidad de una relación que se fortalece en esperanza, justicia y amor. Es el regalo más hermoso que podemos dar a nuestro Abba Padre a través de Jesucristo, porque es lo que nos conecta en amor. Cuando pienso en la adoración y las naciones del mundo creo firmemente que es el lenguaje universal del *"pueblo adquirido por Dios"* (1 Pedro 2:9). Creo que es ver el cielo en movimiento en la tierra, que es la verdadera vida para las naciones, y el despertar a una atmósfera de poder que desata la conquista y expansión del Reino de Dios.

Daisy De León
Pastora de Sanidad Interior
Centro Cristiano Fruto de la Vid, Gurabo, Puerto Rico

....

Personalmente puedo dar testimonio sobre la pasión por Jesús de Zoah Calveti. En las 24 horas de adoración e intercesión fui guiada por ella a una búsqueda más profunda, más íntima y más apasionada por un encuentro con Jesús. Experimenté cómo el pueblo recibió sanidad, libertad y provisión. Una vez que tienes la experiencia, la llama se mantiene encendida en ti.

Pamela Cruz
Intercesora, maestra y pionera del avivamiento en Puerto Rico
Centro Cristiano Fruto de la Vid, Gurabo, Puerto Rico

....

El participar en las 24 horas de adoración e intercesión es una experiencia única, que te lleva a conectarte directamente con el Padre. Es donde podemos escuchar y sentir canciones, música y ritmo que salen del corazón del Padre directamente; cantar y tocar lo que el Padre quiere. Aquí es donde la adoración se transforma e impacta el corazón del Padre y el nuestro. La adoración es una gran oportunidad, donde hacemos la preparación para la visita de Jesús. Dios busca personas como Juan el Bautista, dispuestos a preparar el camino, las aguas y aún el desierto para Jesús. Dios desea encontrar lugares preparados para Su visita.

Joseph I. García Díaz
Pastor de Adoración
Centro Cristiano Fruto de la Vid, Tampa Bay

....

Doy gracias a Dios por darle la oportunidad de escribir este libro a Pastora Zoah Calveti. Sé que tocará lo más profundo de tu corazón, ya que su inspiración viene del Espíritu Santo de Dios y ha sido escrito por una gran mujer, sensible y obediente a la voz de Dios (Romanos 8:14). El tiempo que inviertas en la lectura del mismo valdrá la pena.

Pastora Paola Canela
Ministerio Luz en las Naciones
Orlando, Florida – E.E.UU.

....

Agradecida porque *"en Su presencia hay plenitud de gozo"* (Salmos 16:11). Hay *"paz y seguridad"* (Isaías 39:8). Y estos momentos que generan sentimientos en nosotros, no son pasajeros sino perdurables en Él. Estar en Su presencia en mi naturaleza, como la del pez en el agua, sin ella no hay vida.

Yadira Russe
Intercesora
Centro Cristiano Fruto de la Vid, Gurabo, Puerto Rico

....

Este libro es una excelente guía llena de principios y enseñanzas del reino de Dios para disfrutar de la hermosa presencia del Espíritu Santo.

Ileana González Rivera
Intercesora
Centro Cristiano Fruto de la Vid, Gurabo, Puerto Rico

Muy agradecida a Dios desde el primer día que llegué al Centro Cristiano Fruto de la Vid. He sido más que bendecida, pero desde que vi a la Pastora Zoah Calveti, algo me decía que la tenía que conocer más de cerca, y Dios tiene Su propósito en todo. A través del discipulado del Espíritu Santo, he crecido más y más espiritualmente. He sabido cómo comunicarme y sentir al Espíritu Santo en todo momento, es algo extremadamente especial sentirlo. Hace ya un año que estamos en las 24 horas de adoración e intercesión, un tiempo de estar conectados. Aquí es que el Espíritu Santo se ha manifestado a través de la Palabra en mi vida y he sentido más Su presencia, adorándolo y clamando en el altar. Estoy más que agradecida con Dios por tener a la Pastora Zoah a mi lado, me ha ayudado mucho aprender de ella. Es un ser súper especial usado por Dios, más que bendecida de seguir los mandatos de Dios.

Danitza Bruno Dávila
Intercesora y maestra
Centro Cristiano Fruto de la Vid, Gurabo, Puerto Rico

....

En nuestra generación hemos visto a Dios visitarnos y obrar milagros, en nuestra propia familia. La búsqueda de la presencia de Dios en nuestras vidas ha sido el principio fundamental que ha permitido que nuestro matrimonio pudiera ser restaurado. Hemos aprendido que el mundo no tiene nada que ofrecernos cuando descubrimos la paz y el entendimiento que el Espíritu Santo nos brinda. El entender que la gracia de Dios y Su Santo Espíritu vive en nosotros accionó la fe, lo que permitió poder gozar de la presencia de Dios. Zoah es un ejemplo vivo de lo que es la búsqueda, adoración, honra e intimidad con nuestro Dios. Mil gracias por presentarnos al Abba Padre que hoy habita en nosotros y en nuestro hogar.

Carlos Domínguez y Marian Danzot
Maestros de Sanidad Interior y mentores de matrimonios
Centro Cristiano Fruto de la Vid, Gurabo, Puerto Rico

....

En este último año, el Señor me ha llevado a sumergirme más en Su Presencia en adoración, a escuchar a Su Espíritu y sentir lo que hay en Su corazón. Poder adorarle es tan gratificante, porque mientras estoy en Su presencia, siento el fluir de Su Espíritu en mí y es hermoso. Sentir que a Él le agrada que nuestros corazones estén rendidos ante Él por encima de lo que estemos viviendo y procesando en nuestras vidas. Estamos en un tiempo en donde el Señor está acelerando y preparando a una generación de adoradores que lo adoren en *"espíritu y en verdad"* (Juan 4:23). Jesús desea una generación alineada a Su Espíritu Santo 24/7.

Alexandra G. Ruíz Abrams
Adoradora
Centro Cristiano Fruto de la Vid, Gurabo, Puerto Rico

....

En mi experiencia, la adoración es una expresión del amor que desarrollamos por Dios. Son las palabras de amor que susurramos como Su novia, la iglesia, para cautivar al Amado, Jesús. Estas palabras jamás pueden ser forzadas. Siento que debemos prepararnos para ofrecer estas palabras a Jesús.

Joshua A. Morales Feliciano
Adorador, intercesor, maestro y pionero
del avivamiento en Puerto Rico

....

La persona más importante sobre la tierra es el Espíritu Santo, por lo tanto, Su presencia en esta generación es crucial para el avance del reino de Dios en las naciones. Dios utilizará a los jóvenes de esta generación para marcar una diferencia en el mundo.

José y Nelly Carucci

....

El tiempo y la adoración con Dios es lo más valioso. No es negociable en nuestros tiempos ni en esta generación. Vivimos en momentos muy acelerados donde la intimidad con Dios debe estar activa en nuestro despertar y al terminar el día. Eso es lo que nos va a permitir mantenernos completamente hidratados de su presencia. El es nuestra fuente de agua inagotable de vida. Jesús dice en su palabra, *"...Si alguno tiene sed, venga a mí y beba"* (Juan 7:37). Así como el agua es indispensable para poder vivir, de igual forma la presencia y la adoración a Dios debe ser esencial en nuestro caminar. Yo doy fe mediante mi testimonio de vida lo maravilloso que ha sido incorporar a Dios en mi vida, mi familia y mi negocio. Sin duda alguna El es quién ha sido mi restaurador, mi sanador, y capitán de cada proyecto puesto en mis manos, para su gloria y su honra.

Keila Pérez
Presidenta de TIPS

....

Me gusta comparar la raíz de un árbol con la raíz de un cristiano. La del árbol no sólo lleva el nutriente de la tierra a la planta sino que cumple otra tarea muy importante: sostiene al árbol. Lo mantiene de pie aún con los vientos más violentos. Y eso tiene que ver con la profundidad y la fortaleza de la raíz.

En la vida de todo cristiano un día aparecerán los huracanes con sus vientos arrasadores. Un día llegarán las pruebas y las angustias y una sola cosa evitará que los vientos nos derriben: la raíz de nuestra fe. ¿Y cuál es la raíz de un hijo de Dios? Es el tiempo íntimo que pasamos con el Espíritu Santo. No hay otra forma de fortalecer nuestras raíces que desarrollar una vida de intimidad con el Espíritu. Apagando el ruido exterior y, con la puerta cerrada, hablar con Él, leer la Palabra, escuchar su murmullo en nuestro interior, haciendo silencio... pasando tiempo juntos.

Este libro nos enseña precisamente eso: cómo estrechar una cercana amistad con el Espíritu de Dios. Eso nos asegura que tras las tormentas de nuestras vidas, volverá a brillar el sol y levantaremos vuelo como el Ave Fénix.

Marcelo Laffitte
Escritor. Buenos Aires, Argentina

Nota de la autora

Espero que en este libro quede la voz de Dios por siempre en cada generación. Ruego a Dios que cada generación reciba Su visita. Es mi anhelo que en todas las generaciones se levanten líderes que promuevan la paz de Jesús.

Este libro es del Espíritu Santo, cuidaré y protegeré Su voz, ante todo. Al comenzar a escribir este libro, Dios me dijo: "cuida mi impartición". Y así lo haré. Este libro contiene oraciones y cánticos nuevos que se generaron durante tiempos privados con Jesús.

Índice

Prólogo

"LEER ESTE LIBRO ES COMER UN PEDACITO DE CIELO"

N os sentimos tan honrados por esta hermosa autora, Zoah Calveti, quien es nuestra hija. No es igual escribir acerca de un autor que no conoces bien, a escribir de uno que conoces. Y damos fe de lo genuino de la vida de ella. Aún en sus procesos y pruebas de vida nada la ha detenido, valientemente ha salido a flote. Hemos podido ver cómo Su amado Espíritu Santo la ha estado guiando en todo. La vimos crecer en la oración, adoración e intercesión cantada, como dice la Palabra de Dios en Apocalipsis 5:8-9.

Esto ha sido poderoso: el comprobar este crecimiento y ver tantos jóvenes y adultos apasionados por la Palabra revelada y cantada para Dios. En la primera iglesia fundada, Centro Cristiano Fruto de la Vid, Gurabo, Puerto Rico, ella ha impartido este aceite de parte de Dios. Y ahora este aceite seguirá por todas las naciones, igual como la de la mujer en el libro de Juan 12:1-8, lo derramó a los pies del Maestro.

"Bienvenido Espíritu Santo a mi Generación", es una obra literaria de mucha esperanza para esta generación que ha sido impregnada de tanta opresión de las tinieblas. Estamos muy impactados porque se cumple esa palabra profética de Hechos 2:17 que dice que nuestros "hijos profetizarán" (Hechos 2:17, Peshitta).

Vemos a la autora, Zoah Calveti, inspirada por el Espíritu Santo escribiendo en esta generación que tiene mucha orfandad, y nos alegra saber que se están levantando hombres y mujeres que creen en la obra del Espíritu Santo, que sigue vigente hoy día.

La autora hace un llamado a creer fuertemente en la obra del Espíritu Santo, que Él llevará a esta generación a puerto seguro. Lamentablemente, esta generación carece de modelos morales y espirituales; es una sociedad golpeada por tantos sistemas de noticias del mundo, que la han desenfocado. Sin embargo, Dios está levantando jóvenes como Josué, Caleb, Nehemías.

En estos tiempos, Dios está levantando hombres y mujeres llenos del Espíritu Santo, como Zoah Calveti, para retarnos aun a nosotros los de nuestra generación, donde no recibimos la impartición como esta generación lo está recibiendo. No nos fue revelado el cántico profético, el cantar la Palabra, profetizar la Palabra cantada, 24 horas de oración, adoración e intercesión. Toda esa revelación se ha manifestado en este tiempo, con esta generación, a través del Espíritu Santo. Nuestras generaciones fueron usadas como canal para esta generación.

Nos gusta mucho el hecho de que, en cada capítulo de esta obra literaria, Bienvenido Espíritu Santo a mi Generación, la autora hace una oración, ella lo confirma invocando el nombre del Señor, dejándose dirigir por El Espíritu Santo. Ella lo escucha y escribe cada oración durante cada madrugada y en todo tiempo. Nos gusta mucho cuando ella menciona en el capítulo 4: "máxima expresión de confianza", es algo que nos impulsa y nos ayuda.

Ver esta obra literaria es como comer un pedacito de cielo y sentir cómo el Espíritu Santo está haciendo una convocación santa para estos tiempos, por medio de estos jóvenes que están involucrados con Él día y noche. Los jóvenes, incluyendo a Zoah, han sido llamados para estos tiempos en adoración profética, cantando la Palabra y orando la Palabra. Ellos nos están provocando a los de nuestra generación, con un entusiasmo que invade toda la tierra con esta espiritualidad tan linda.

Estamos emocionados con este libro, es escuchar al mismo Espíritu Santo diciendo: "oigan" "estoy levantando a esta generación" "escuchen" "sus hijos profetizan" "no se dejen entretener por el sistema del mundo" "Yo estoy allí siempre guiándolos para que su propósito sea cumplido".

El capítulo 8 registra varios cánticos nuevos que han salido de la cámara secreta mientras ella ha derramado su vida ante Jesús. Cada cántico nuevo es guiado por el Espíritu Santo y es una de las maneras de conectarse con Dios diariamente. Cada cántico nuevo sale de la habitación secreta, es el lugar donde podemos entrar libremente a través de Jesús. En esa habitación secreta es donde somos llenos de la belleza de Jesús y anhelamos contemplarlo eternamente como lo explica en el capítulo 6. Así como menciona la autora, "La belleza de Sus vestiduras, Su Voz, Su ternura, Su fragancia, Sus manos, Sus ojos, Sus hombros, Sus pies y todo lo que es Él nos tardaría una vida entera el contemplar."

Hemos visto la mano de Dios en mi generación poderosamente, y ahora me regocijo en ver la visita del Espíritu Santo en este

BIENVENIDO ESPÍRITU SANTO A MI GENERACIÓN

tiempo. Estamos viendo la manifestación de Dios a través de la impartición que han recibido, y esto ha provocado un rompimiento para que vean las maravillas que estaban reservadas para ellos. La autora menciona en el capítulo 1: "Los regalos más grandes que nos permiten relacionarnos con el Espíritu Santo, recibir Su impartición y esencia son a través de la adoración e intercesión." Nosotros creemos que las herramientas más importantes para recibir de Dios son la adoración e intercesión.

Nos da mucho gusto saber que Zoah tiene memorias impresionantes sobre su niñez y su crianza, sobre esa Palabra de Dios que sembramos en ella, esa semilla que hoy está dando fruto. Y nos sentimos muy complacidos de que, aun siendo muy niña, ella tuvo fe al pedir juguetes que deseaba en esos tiempos. Sin embargo, la semilla de la fe impulsó en ella el deseo de escuchar la voz del Espíritu Santo. Cuando nos trasladamos a los Estados Unidos, ella fue viendo cómo Dios nos sostuvo como familia. Aun cuando yo, Angélica, caí en aquel accidente tan horrible en el año 1987, ella vio cómo el Espíritu Santo nos proveyó y no nos faltó nada. Y ver a su madre sanada por Dios fue una muy buena semilla en ella.

Toda generación debe ver la manifestación de Dios en todo. Nosotros profetizamos que sobre tu casa y nación recibirás la visita del Espíritu Santo. Profetizamos que cada nación es libre de toda opresión y libre para adorar a Dios. Profetizamos que se levantan hombres y mujeres con el poder del Espíritu Santo para obrar milagros y prodigios, exactamente como Jesús los hizo. Te instamos a que leas este libro y practiques lo que Dios ha puesto para esta generación. Dejémonos abrazar con ese oleaje riquísimo del Espíritu Santo. Dios los bendiga, y que disfruten esta obra literaria.

Juan Luis Calveti y María A. Díaz de Calveti Apóstoles de la Red Apostólica *Fruit of the Vine International, Inc.* Centro Cristiano Fruto de la Vid, Gurabo, Puerto Rico

Introducción

"Escribe peticiones a Dios," estas eran las palabras de mi madre desde que era niña. Ella decía que era una de las maneras en que Dios escuchaba lo que yo deseaba y que Él lo iba a conceder. Poco sabía yo, en ese momento de mi vida, de lo que era tener fe.

Sin embargo, me puse a hacer exactamente lo que ella me decía y comenzó a dar resultado. Empecé a recibir regalos tales como juguetes que yo anhelaba en ese momento. A decir verdad, me gustaban las vigilias de oración porque confiadamente podía llevar mis peticiones a una cajita en la cual se colocaban todos los pedidos y se oraba por ellos.

No recuerdo escribir en ninguna de las peticiones que necesitaba fe para lo imposible. Sin embargo, esto me fue dado sin pedirlo. Cuando tenía cuatro años recibimos la noticia de que mamá había muerto y no encontraban su cuerpo. Quedé atónita al escuchar esto, mi mente se quedó totalmente en blanco.

Lo siguiente que recuerdo es que salimos desesperadamente corriendo por la ciudad de Caracas, Venezuela, a buscar el cuerpo de mi mamá. Nunca olvidaré el sentido de abandono, la idea de orfandad, la falta de confianza, el riesgo impresionante y la ruta desconocida que nos esperaría.

Recorrimos la ciudad de Caracas y finalmente logramos encontrar su cuerpo en un hospital. La encontramos viva, sin embargo, todos como familia necesitaríamos de una fe extravagante para verla restaurada y caminando nuevamente.

Es que tarde o temprano nuestra fe será probada y llevada a un túnel donde no tengamos la capacidad de defendernos y cuidarnos: el lugar donde encontramos la paternidad de Dios. En ese lugar seremos visitados y llevados en Su pecho para ser cuidados y recibir Su adopción. Es allí el lugar donde Él visita cada una de nuestras pérdidas, tristezas, abandonos, opresiones, preguntas, protestas e injusticias trayendo paz y entendimiento, colocando un sello y ofreciendo un nuevo comienzo. Es allí donde coloca el deseo de anhelar Su visita en nuestra generación. ¿Estás listo para recibir la visita del Espíritu Santo en tu generación?

CAPÍTULO 1
Impartición & Rompimiento

Hay tanto que expresar cuando se trata de la impartición del Espíritu Santo y el entendimiento que causa cuando Él entra a nuestro ser. Personalmente considero la persona del Espíritu Santo uno de mis favoritos, el más preciado misterio, a quien busco conocer todos los días.

Es maravilloso conocer a alguien con tanta inteligencia y extravagancia. Alguien con tanta rapidez y paciencia a la misma vez. Alguien que logra conectar con el complicado armario de nuestras emociones, memorias, experiencias, idiomas, necesidades, culturas, nuestros deseos y nuestros pensamientos. Él es quien entra a toda esquina escondida de nuestra vida, y es maravilloso ser amiga de Él (Juan 14:26, Juan 16:13 y Salmos 139:7-12).

En nuestra iglesia local, Centro Cristiano Fruto de la Vid, Gurabo, todas las semanas he tenido la oportunidad de enseñar acerca del Espíritu Santo y agradezco tanto a mis padres por la oportunidad y confianza. Ha sido maravilloso compartir las clases acerca del Espíritu Santo. Cada grupo ha sido tan distinto y he podido ver la obra del Espíritu Santo en cada uno de ellos.

No hay semana que no me quede impactada por la inteligencia y creatividad del Espíritu Santo. Una de las enseñanzas más valiosas que he aprendido de Él es la belleza de obedecerlo sin saber qué esperar o qué vaya a suceder en ese momento. La obediencia al Espíritu Santo nos libera y acerca para ver la belleza de Jesús más cerca y constante. (Romanos 8:16 y Romanos 8:26)

OBEDIENCIA AL ESPÍRITU SANTO

Obedecer al Espíritu Santo nos lleva a creer en Su impartición. Realmente, relacionarnos con el Espíritu Santo es saltar a un gran mar de fe con obediencia. Es como nadar con Él, lanzarse con Él, admirar Su inteligencia, escuchar Su Voz, llorar con Él, orar con Él, descubrir nuevas maneras de pensar, ver una atmósfera totalmente nueva, andar un camino que nunca hemos recorrido antes.

Es creer en un visionario y en alguien tan real que ama estar constantemente en movimiento. Sin embargo, en ocasiones, con delicadeza se detiene, y en otras, pausa para esperarnos. Él siempre nos espera, es quien anhela celosamente llegar al Padre Celestial con cada uno de nosotros. Él siempre está dispuesto a correr miles de millas por nosotros.

Cada día que Él corre con y por nosotros, Él va impartiendo de la misma esencia del Padre Celestial dentro nuestro. Siempre dispuesto a llenarnos de la misma fragancia "mirra y nardo" de Jesús (Cantares 5:13, Peshitta). Siempre recorriendo la habitación para llenarla de Su presencia y Su aroma celestial. Siempre danzando libremente en el cuarto, revelando cada pieza de nosotros con colores.

Siempre haciendo sentido del pasado y construyendo puentes hacia el futuro. Siempre visitando cada memoria, poniendo un sello de sanidad, poniendo un fin al dolor. Provocando paz y creciendo fuentes de alegría en lo escondido de nosotros. Buscando sacar la mejor sonrisa en nuestro rostro. Trayendo esperanza en cada área que hemos tenido pérdidas y destrucción. Impartiendo consuelo a cuartos donde jamás pensaríamos que íbamos a recibir aliento.

Siempre llevándonos a la mente de Dios. Siempre visitando cada emoción y pegándolas a las de Dios; es impresionante experimentar la manera en que cada emoción es centrada. Es maravilloso vivir la esencia que Él nos da.

Me gusta muchísimo repasar esta porción de la Palabra de Dios donde expresa: "Guarda el buen depósito por el Espíritu Santo que mora en nosotros" (2 Timoteo 1:14, Peshitta). Tú y yo somos depósitos del mismo Espíritu Santo, para llevar Su esencia a las naciones.

Espíritu Santo, gracias por ser la expresión de promesas. Tus constantes expresiones de amor me ayudan a mantener la imagen viva y vibrante de Jesús en mi corazón.

RELACIÓN CON EL ESPÍRITU SANTO

Cada vez que oro, busco la oportunidad de hablar con el Espíritu Santo y rogar Su impartición para mi vida y para mi nación. A medida que he comenzado a relacionarme con Él, me ha mostrado medidas de quién es Él.

En realidad, siento que cuanto más lo conozco es como si me

faltara tanto más por conocerlo. Me parece una persona muy interesante y un hermoso misterio, quien constantemente está dispuesto a expresar tanto.

Usualmente escribo en mi devocional una sección dedicada al Espíritu Santo y dice algo así:

Espíritu Santo, amo esperar en Ti.
Derrama de lo profético.
Derrama de visiones y sueños.
Dame el entendimiento con claridad.
Despierta lo profético.
Amo todo de Ti.
Amo cada pensamiento que deseas derramar.
Amo Tu agenda y Tu impartición.
Necesito un rompimiento en mi vida.
Derrama de Tu Gloria.
Enséñame a ser una amiga leal tuya. Heme aquí.
Profetizo Hechos 2:17-21 en mi vida.
Espero Tu visita. Te amo.

Nuestra conversación con el Espíritu Santo es muy valiosa. Es donde conocemos a Dios íntimamente, donde nos conectamos a la atmósfera celestial y recibimos lo profético de Dios. De eso se trata, de recibir lo profético de Dios, allí está la esencia de Dios. Tú y yo somos llamados a provocar lo profético de Dios y ver la manifestación del Espíritu Santo en nuestra generación.

No podemos conformarnos con no ver la manifestación del Espíritu Santo en nuestra generación, en nuestra nación y en nuestras propias familias. Toda la opresión que pueda estar experimentando una nación es una perfecta mentira para engañar a la gente y callar la voz profética de un pueblo, para que no pueda proclamar al Espíritu Santo. Un pueblo oprimido, tarde o temprano es silenciado y poco a poco su fe es debilitada para no provocar lo profético de Dios aquí en la tierra y ahora mismo en su tiempo de vida.

Provocar lo profético significa que todo lo que Dios dice, dijo y dirá de una nación es real y se cumplirá por encima de todo gobierno, por encima de toda creencia, por encima de todo maltrato, por encima de todo crimen, por encima de toda miseria, por encima de toda destrucción y toda operación demoníaca.

Claramente deseo expresar que nada ni nadie en este mundo es, o será mayor que el poder de nuestro poderoso Rey de reyes y Señor de señores, Jesucristo. Mi amado Jesús dijo: *"Yo soy el Alfa y la Omega, principio y fin, dice el Señor, el que es y que era y que ha de venir Todopoderoso"*. (Apocalipsis 1:8)

Los regalos más grandes que nos permiten relacionarnos con el Espíritu Santo, recibir Su impartición y esencia, son a través de la adoración e intercesión. En mi experiencia, como la de muchos de ustedes, la adoración e intercesión han sido las llaves para ver un rompimiento en nuestra nación. Se trata de no detenernos de adorar e interceder día tras día hasta ver un rompimiento de gloria.

Son las herramientas que usamos para proclamar las profecías de Dios a través de Su Palabra, orar unos por otros, orar por cada petición, cantar cada línea de la Palabra, escribir la Palabra, unirnos como un solo pueblo, unirnos en una sola voz y sobre todo bajo un solo nombre, el de Jesucristo, en un solo Espíritu, el de Dios.

Esto crea la perfecta plataforma espiritual donde podemos expresar libremente:

> *"Venga Tu Reino. Hágase tu voluntad, como en el cielo, así también en la tierra". (Mateo 6:10)*
> *Jesucristo, Tú eres el Rey de mi nación.*

> *"Entonces se revelará la gloria de Yahveh y toda carne juntamente la verá, porque boca de Yahveh ha hablado." (Isaías 40:5, Peshitta)*

> *"Sube sobre los altos montes, oh Sion, portador de buenas nuevas; oh Jerusalén, portadora de buenas nuevas, alza tu voz con fuerza; levántala y no tengas temor. Di a las ciudades de Judá: ¡"He aquí su Dios"! (Isaías 40:9, Peshitta)*

> *"He aquí que Yahveh Dios viene con poder y con brazo fuerte. He aquí que con Él viene su recompensa y su obra está delante de Él." (Isaías 40:10, Peshitta)*

> *"Como un pastor que apacienta su rebaño y que con su brazo reúne a los corderos, y en su seno los lleva, y sustenta a los recién nacidos." (Isaías 40:11, Peshitta)*

PROVOCA LA MANIFESTACIÓN DEL ESPÍRITU SANTO

Esto es exactamente lo que el Espíritu Santo desea que hagamos en nuestra generación, que podamos libremente proclamar Su Palabra y ver la manifestación de cada una de Sus profecías hechas realidad aquí en la tierra, especialmente en nuestra nación. En cada generación, se necesita levantar con valentía hombres y mujeres como tú y yo para colocar un freno a toda opresión demoníaca.

Es impresionante depender del Espíritu Santo para lograr integrar la Palabra de Dios en la atmósfera en que estemos viviendo. El Espíritu Santo nos ayuda a ver por encima de la realidad actual y a percibir lo que no aún es invisible, para luego adorar e interceder y disfrutar de la manifestación de Dios.

Gracias, amado Espíritu Santo,
por estar envuelto en cada proceso de
aprendizaje e integración de la Palabra de Dios.
Dependemos de Ti en todo.
Te ruego por la libertad para mi nación.

No podemos irnos de esta tierra sin ver la manifestación del Espíritu Santo en nuestra generación. Este rompimiento provocará que las futuras generaciones tengan hambre y valentía de buscar lo mismo.

Hace mucho tiempo meditaba en cuál sería la mejor herencia que puedo dejar aquí en la tierra, y encontré que la mejor herencia es Dios y la oportunidad de obrar milagros y prodigios que queden marcados por el poder del Espíritu Santo. No hay herencia, sin milagros y prodigios.

Fue en una madrugada que Dios me inspiró a escribir este libro, cuando pensaba en mi nación, Venezuela.

Venezuela, hoy es un día de maravillas para ti.
Esto es para ti, venezolano, mi hermano,
mi compatriota.
Sé que hoy sufres la peor opresión
de la historia en Venezuela.
Sin embargo, hoy profetizo las maravillas de Dios.
En Miqueas 7:15 Dios promete mostrar maravillas:
"Yo les mostraré maravillas como el día
en que salieron de la tierra de Egipto."
Te invito hacer una pausa en medio de tanta violencia.
Sé que todo ha escalado… la violencia, tu hambre,
pestilencia, enfermedades, temores, crímenes,
abusos, terrores, entre otros.
Pero también el poder de Dios escala y Su mano
se levanta para librar a cada uno.
La mejor manera de protestar es de rodillas al Dios
clemente y misericordioso, nuestro Dios.
(Miqueas 7:15, Peshitta)
(abril 22, 2017)

Hay una porción de la Palabra de Dios que me inspira todos los días a anhelar lo profético en mi vida para cada nación y está en Hechos 2:17-21 y deseo animarte para que abraces conmigo esta Palabra para tu nación. Me gusta proclamarla durante mi tiempo de oración con papá Dios y creer firmemente que la cumplirá en mi nación y en toda la tierra.

Son tan valiosas nuestras voces como profetas en la tierra. Es que proclamar, orar, escribir y cantar la Palabra de Dios es profético y desata lo celestial de Dios en cualquier atmósfera en que estemos juntos invocando el nombre de Dios.

"Y en los postreros días, dice Dios, derramaré de mi Espíritu sobre toda carne, y vuestros hijos y vuestras hijas profetizarán; vuestros jóvenes verán visiones, y vuestros ancianos soñarán sueños; y de cierto sobre mis siervos y sobre mis siervas en aquellos días derramaré de mi Espíritu, y profetizarán. Y daré prodigios arriba en el cielo, y señales abajo en la tierra, sangre y fuego y vapor de humo; el sol se convertirá en tinieblas, y la luna en sangre, antes que venga el día del Señor, grande y manifiesto; y todo aquel que invocare el nombre del Señor, será salvo." (Hechos 2:17:21)

Las manifestaciones del Espíritu Santo son evidencia de Su impartición y el depósito de Su Palabra en nuestro ser interior. Por ende, para ver las manifestaciones tangibles debemos poner la Palabra de Dios en práctica. Es allí, en la atmósfera de opresión, donde se desatan milagros y prodigios por el poder del Espíritu Santo que opera en nosotros.

El Espíritu Santo está buscando hombres y mujeres en cada nación que se atrevan a profetizar y a obrar milagros y prodigios por encima de toda opresión. Hombres y mujeres que se atrevan a imponer manos sobre aquellos que están abatidos por diagnósticos médicos, por aquellos que necesitan un milagro de provisión en sus casas, por aquellos que lo perdieron todo, a levantar adoración veinticuatro horas en las calles, a saciar el hambre de la tierra con pan, y a esperar que se desaten cada uno de los milagros y prodigios.

Esto es obedecer al Espíritu Santo arriesgándonos al ojo público, a las críticas y a todo lo que se levanta en contra de Dios. Pero ¿qué pasaría si ése a quien te atreviste a imponer manos y proclamar el poder de Dios, es sano o es libre? Atrévete a creer que tienes el poder del Espíritu Santo para obrar milagros y prodigios. No esperes a que viaje un predicador del extranjero para obrar milagros en tu nación, en tu pueblo, tu gente ¡hazlo tú! Cree en la impartición del Espíritu Santo en tu vida. Es real, créelo. Provoca la manifestación del Espíritu Santo en tu nación.

Provoca la manifestación del Espíritu Santo
en tu nación.

CONOCIENDO SU IMPARTICIÓN

El caminar en milagros y prodigios va a requerir que conozcamos y creamos en la impartición del Espíritu Santo que nos ha sido dada. Creo firmemente que es un proceso conocer la impartición del Espíritu Santo. Poco a poco, nos irá mostrando el peso de gloria de Su impartición en nosotros.

Cuando meditamos o tratamos de describir la impartición del Espíritu Santo nos referimos a cada fruto en específico que disfrutaremos ver nacer, crecer, fortalecerse, evolucionar y luego ser arrancado para ver brotar nuevos frutos. Él, con tanto amor y consuelo, nos va enseñando pacientemente cómo administrar cada porción de Su impartición derramada en nosotros con Su sabiduría, fe, entendimiento, humildad, mansedumbre y paciencia.

Necesitamos de Su esencia para poder disfrutar las etapas del crecimiento de cada fruto en nosotros y ver Su manifestación en cada uno de ellos. Somos llamados a ver el crecimiento y la manifestación del poder de Dios. Esta experiencia es maravillosa, ya que son placeres celestiales. Esto no es un proceso de un día, realmente tarda toda una vida. Sin embargo, debemos permanecer leales a Dios y provocar cada manifestación del poder de Dios en nosotros.

Espíritu Santo, me pongo en acuerdo contigo,
En acuerdo con Tu Santidad,
En acuerdo con Tu pureza,
En acuerdo con Tu voluntad,
En acuerdo con Tus profecías,
Y en acuerdo con Tu libertad.

Considero que uno de los frutos más importantes es la fe para obrar en milagros y prodigios, ya que muchas veces tenemos la certeza de que Dios apoyará la fe en otros, pero no en nosotros. Esto trae a mi mente a Moisés en su etapa inicial con Dios, él no conocía absolutamente nada del poder de Dios en su vida y mucho menos qué hacer con la impartición de Dios en él.

El Espíritu Santo desea enseñarnos y mostrarnos todo lo que Él ha impartido sobre nosotros. Moisés tuvo que ser enseñado por Dios para usar la vara, ver su mano ser restaurada de lepra, entre otras cosas (Éxodo 4, Peshitta). La impartición de sanidad estaba en el pecho de Moisés, y no afuera.

Muchas veces vemos hacia afuera y el Espíritu Santo desea que veamos hacia dentro de nosotros, que veamos lo que Él ha colocado allí. Todos estos sucesos fueron para enseñarle a que aprendiera acerca de la administración, manejo, y poder de la impartición de Dios que generaría milagros y prodigios (Éxodo 4, Peshitta). Dichas enseñanzas estaban llevando a Moisés a ver la manifestación de Dios en su generación.

Muchas veces somos tentados a buscar el poder afuera para obrar milagros y prodigios y en realidad está adentro de nosotros habitando con toda libertad y esperando manifestaciones. Sin embargo, en ningún momento podemos creer que somos llaneros solitarios, como dice mi mamá, y que debemos confiar en nuestras propias fuerzas ignorando al Espíritu Santo. Esto sería fatal, sería una muerte prematura a las grandezas de Dios que Él ha diseñado para nosotros y para nuestra nación.

Debemos tener un alto cuidado de no caer en orgullo y arrogancia por el depósito que Dios ha puesto en nosotros. La impartición de Dios no se trata de vernos bien o vernos con súper poderes, se trata de que Dios está confiando en nosotros para portar Su gloria con humildad y amor para edificar una nación. Muchos compañeros de milicia tenían la impartición de Dios, pero el orgullo y arrogancia comieron los frutos de milagros y prodigios, mucho antes que existieran.

Es muy triste ver esto, ya que cada vez que alguien se centra en sí mismo y no en Jesús, la nación entera sufre. Por ende, es esencial mantenernos pegados a Dios, depender del Espíritu Santo y constantemente exaltar la belleza de Jesús, dando gloria a Él en todo momento, al Maestro por excelencia, quien siempre está con nosotros para enseñarnos.

"Ve, pues, ahora, que yo estaré con tu boca para enseñarte lo que habrás de decir." (Éxodo 4:12, Peshitta)

SU VOLUNTAD

Casi diariamente me encuentro poniendo aceite en mis manos y orando por mi cuerpo, creyendo en el poder de Dios cada mañana. Poco a poco, muy lentamente he aprendido a creer en el poder del Espíritu Santo y a confiar plenamente en Su impartición. He tenido que perder el temor a lo desconocido y a la manifestación de Su poder y gloria. He tenido que salir de mi zona de comodidad una y otra vez.

Un gran ejemplo es que, cuando comencé a pastorear en nuestra iglesia local, me daba temor imponer manos a la gente y orar por personas afligidas por enfermedades, y que no fueran sanas. Me daba temor a quedar mal, temor a no saber qué orar, qué decir, qué Palabra proclamar. A los minutos de estar orando por alguien, tenía temor de usar aceite, a romper la distancia, a abrazar, a que las personas lloraran en mis hombros. En fin, tenía tantos temores cuando se trataba de gente, y específicamente a imponer manos y orar.

Mucho antes de comenzar a pastorear, mientras vivía en la ciudad de Houston, Texas y trabajaba en un hospital, conocí muchas personas con condiciones volátiles, enfermedades que la ciencia buscaba curar con tratamientos, si es que había alguno disponible para la condición. Durante ese tiempo me dedicaba -los fines de semana y en momentos de almuerzo o aún después de mi trabajo- a visitar enfermos, lo cual significó muchísimo para mí y atesoro en mi corazón por siempre.

Recuerdo llegar a mi casa y pensar cuál era el secreto del don de sanidad, no me explicaba por qué había tanta gente sufriendo con condiciones terminales y otras esperando trasplantes de órganos. Observaba a sus familiares, el sufrimiento y la constante desesperación, y yo sentía una profunda impotencia en mi interior porque veía que no podía hacer nada, no podía sanarlos, no veía mejoría.

La única herramienta que tenía era la oración y mi fe, las cuales muchas veces sentía que estaban ausentes, y me parecía que cada vez que oraba por un enfermo y continuaba visitándolo, mi oración aceleraba su muerte y no su mejoría.

Una vez entré a la habitación de un paciente que llevaba visitando por un mes corrido, y ese fue el día que falleció a la hora de mi visita. Realmente ni deseo entrar a esta memoria en detalle. Cuando sucede algo así, todo en tu ser recibe un gran impacto. Se generan miles de preguntas, luego la mente hace largas pausas, deseas llorar y pensar, calmarte y esperar, regresar el tiempo, pensar en tus oraciones, recuperar tus esperanzas; hacer sentido de todo y nada hace sentido a la vez, buscar una solución que no existe... todo lo puedo resumir en una sola palabra: impotencia.

Esta experiencia me hizo cuestionar tantas cosas incluyendo mi fe. Recuerdo haber pensado que mis oraciones no habían servido de nada, que había perdido el tiempo y que no hubo nada que pudiera salvar su vida.

Y a través de ese proceso fue donde el Espíritu Santo me enseñó que las sanidades no suceden solamente aquí en la tierra, sino que algunos casos culminan en el cielo, y que la muerte era permitida por Dios para que las personas recibieran su sanidad completa.

Que mis intenciones de que alguien se mejorara y regresara a su vida normal estaban correctas y eran válidas, pero que no necesariamente eran el plan de sanidad que Dios tenía para determinada persona.

Que mi definición y expectativas de sanidad se quedaban cortas al lado de las de Dios. Y que Dios deseaba mostrarme que cada oración había creado un impacto en Su corazón y que yo no podía dejar de orar por enfermos porque no viera mi definición o mi plan egoísta de sanidad.

Hace unos meses, en un tiempo de oración, Jesús me dijo que Él estaba todos los días sanando. Así que ahora solo me dedico a confiar en Su definición de sanidad, Sus planes y Su voluntad. Me deleito ahora en imponer manos sobre los enfermos, untarme las manos de aceite e interceder por ellos para que Dios haga Su voluntad en sus vidas.

Se trata de la gloria de Dios.
Anhelamos ver la manifestación de la hermosa gloria
de Jesús, en cada situación y en cada persona.
Se trata de la visita de Jesús,
tan llena de esplendor y milagros.
Tu presencia lo cambia todo, lo transforma todo.
Derramas milagros y prodigios de una manera natural.
Tienes un corazón lleno de ternura
y compasión para todos.
Ruego que derrames de Tu gloria sobre mi nación.
Tu gloria siempre llega a tiempo.
Tu gloria siempre es impartida a todos, trayendo lo
hermosura de Tu corazón.
Gracias por Tu visita y transformación
en nuestras vidas.
Cada visita Tuya, calma cada pregunta de nosotros.
Trayendo paz… y paz es exactamente
lo que necesita mi nación.
Necesitamos de Tu paz y compañía.
Amamos cada visita Tuya, cada deseo de Tu corazón.
(mayo 4, 2017)

Me deleito tanto en orar por ellos, busco oportunidades en las calles para orar por los enfermos, busco ocasiones para interceder durante las clases bíblicas y en todo lugar. Aprendí que lo más importante es obedecer al Espíritu Santo y clamar con todo el corazón, aun no sabiendo cual será el resultado.

Él desea que nos deleitemos en Él y que descansemos en la obra de Sus manos, no enfocándonos en los resultados de nuestras oraciones, pero sí en la belleza de quien es Él. Siempre lo adoraremos, independientemente de cuál sea Su voluntad aquí en la tierra. Jesús muestra Su hermosura y amor por nosotros en cada milagro que hace.

Hoy día disfruto de hacer servicios de sanidad, publicarlos y esperar ver la manifestación de Su voluntad en cada persona. Disfruto cada testimonio que escucho y cada uno que nunca saldrá a la luz. Se trata de obedecer y confiar, no de controlar los resultados y solo satisfacer nuestras expectativas. Provoca la manifestación del mismo Jesús en tu nación.

"Venga tu reino. Hágase tu voluntad, como en el cielo, así también en la Tierra." (Mateo 6:10, Peshitta)

Cada milagro expresa la importancia que nos das,
lo mucho que significamos para Ti.
Todo el mundo debe saber esto de Ti,
acerca de todo lo que haces, aún en lo secreto.
Cambias ambientes vacíos en un lugar de milagros.
Transformas este piso en uno de milagros.
Por siempre haremos memorias de Tus visitas.
(abril 25, 2017)

CAPÍTULO 2
Ruta Desconocida

Tarde o temprano somos llevados a una ruta desconocida. Una madrugada mientras oraba, como mencioné en el capítulo anterior, me pregunté: ¿Cuál es la mejor herencia que puedo dejar? Y fue durante esa misma madrugada que el Espíritu Santo resaltó la importancia del legado que debía dejar a las siguientes generaciones. Créeme, jamás se me hubiese ocurrido pensar en un legado de milagros y prodigios.

Lo primero que pensé es 'jamás he obrado un milagro, jamás he levantado a un paralítico'. Pero a medida que pensaba en todo esto, el Espíritu Santo se movía dentro de mí despertando el deseo de poder provocar esto en mi vida, creyéndolo y ejerciéndolo.

A la mañana siguiente llamé a mi mamá y comencé a comentarle todo lo que había sucedido durante la madrugada cuando oraba, y le pregunté: "Mamá, ¿qué tal si hacemos un servicio de explosión de sanidad?". Y automáticamente ella me contestó: "Si, hija."

Amo profundamente trabajar con ella, verdaderamente es la madre física y espiritual que yo necesitaba. Ella es una apóstol totalmente guiada por el Espíritu Santo, quien ha mantenido el fuego de Dios encendido y la pureza de Su Palabra presente a lo largo del camino.

Explosión de sanidad fue el título no diseñado por mí en absoluto, pero sí por una memoria que el Espíritu Santo trajo a mi mente de una campaña de sanidad que ocurrió en Caracas, Venezuela, cuando era tan solo una niña y mi mamá estaba cuadripléjica a causa de un accidente automovilístico, sin posibilidades de volver a caminar.

Un gran día llegaron los ministros de sanidad divina Charles Edward Hunter y su esposa Frances desde Texas a Caracas, Venezuela para hacer una campaña de sanidad llamada: "Explosión de Sanidad," y citaron a todos los enfermos de Caracas para que recibieran el poder de Dios y fueran sanos por Jesucristo.

Mi mamá fue la primera en recibir un milagro, después de haber estado en cama por un año sin ningún tipo de esperanza de volver a caminar. Dios la levantó y enfrente de miles de personas restauró su columna vertebral, sus hombros, sus piernas y todo lo que había sido atrofiado por aquel terrible accidente.

Dios busca personas como tú y yo que ansíen recibir la visita del Espíritu Santo, para que Él se glorifique grandemente en esta generación y nación con milagros y prodigios para todos los que sufren opresión. El secreto está en la obediencia y en la disposición del corazón, escuchando lo que Dios tiene preparado para cada nación.

Mi familia siempre estará agradecida de haber enviado dos seres tan llenos del Espíritu Santo, tan obedientes a Dios, a la ciudad de Caracas, Venezuela, para ver la manifestación de milagros y prodigios como el que recibió mama y miles de personas más durante ese fin de semana.

Después de haber hecho el culto de explosión de sanidad en el Centro Cristiano Fruto de la Vid, Gurabo, esa misma semana comencé a escuchar testimonios de lo que Dios había hecho esa noche. Te aseguro que todos los testimonios me tomaron por sorpresa, incluyendo el de una pareja que nos visitó esa semana y el domingo ella había pasado al altar a rogar a Dios por su amiga que en ese momento estaba en Estados Unidos hospitalizada a causa de una bacteria muy peligrosa.

Ellos cuentan que recibieron la noticia que esa misma semana ella se mejoró y Dios la sacó de todo peligro. Dios hizo la obra y la obediencia al Espíritu Santo trajo frutos inimaginables. Jesús siempre está sanando, siempre está pasando en medio de nosotros, alcanzándonos en todo lugar con amor y compasión.

Alguien se tiene que atrever a retar a
lo imposible para hacer lo posible.

RUTA DE LOS APÓSTOLES

Alguien se tiene que atrever a retar a lo imposible para hacer lo posible, esto fue lo que los apóstoles hicieron en su temporada de vida. Es la misión de todo apóstol que llega a la tierra para emprender el plan de Dios en su tiempo terrenal. Los apóstoles, de quienes leemos en la Palabra, tenían que hacer algo y provocar el poder del Espíritu Santo, por ende, tuvieron que obrar milagros y prodigios.

En ocasiones, el Espíritu Santo nos lleva a caminar por una ruta desconocida, para que aprendamos a usar el poder de Dios que se nos ha concedido. Rutas desconocidas, pero guiados por el Espíritu Santo, producirán un legado para las próximas generaciones.

Cada apóstol fue influenciado por el Espíritu Santo. Ellos se atrevieron a poner en práctica el poder que se les había impartido. Ellos creyeron firmemente en el poder del Espíritu Santo que reposa dentro de nosotros.

Hace un tiempo conversaba con mi hermano Giosue, el cual ha sido un instrumento de Dios en mi vida, y él me decía: "Zoah, el Espíritu de Dios que reposa dentro de ti hará que todo lo que está a tu alrededor responda a Dios". Este consejo se quedó grabado en mi corazón. Te amo tanto, Giosue, eres un gran tesoro para mí.

Y desde ese día eso comenzó a despertar muchas preguntas de cómo yo debía conocer y caminar con el Espíritu Santo. En ese momento decidí confiar profundamente y activamente en quien habita dentro de mí, el Espíritu Santo. Conocerlo hizo que comenzara a negarme a aceptar las opresiones que suceden en las naciones, a no aceptarlas como algo normal. También me ayudó a desenfocarme de mis debilidades, incluyendo la falta de expresar la llenura de Dios que se me había otorgado.

Comencé a abrazar la Palabra de Dios en 2 Corintios 3:17 y a creer que la persona del Espíritu Santo habita en mí, formando un ambiente de libertad plena. Quiere decir que hay libertad en nuestro interior, y esa libertad influye sobre todo lo exterior. Entonces, todo lo que imparto a otros es libertad. Nuestras naciones necesitan hombres y mujeres impartiendo la libertad de Dios en contra de toda opresión.

EL TIEMPO DE MILAGROS Y PRODIGIOS

Los milagros y prodigios están diseñados para momentos de opresión, los cuales son difíciles de enfrentar para una generación. Por lo tanto, necesitamos ser una generación en la cual Dios deposite Su confianza para ser libertadores, con una mentalidad de conquista apostólica. Tú y yo somos una generación que se para en la brecha y se levanta a poner Su Palabra por obra.

Hace un tiempo el Espíritu Santo comenzó a despertar deseos en mi corazón que nunca había pensado, y otros a los cuales jamás les había puesto color alguno. Sé que cuando somos jóvenes, nos es difícil pensar en el legado que vamos a dejar a las siguientes generaciones. Sin embargo, creo que a medida que vamos pasando tiempo con Dios, Él va despertando deseos en nuestras vidas que provienen de Él solamente.

El despertar de Dios en una generación hace que se levanten hombres y mujeres de paz para orar y clamar para detener toda opresión. Aquí está la importancia de levantarnos a orar en las noches y proclamar los prodigios de Dios sobre una nación. El lugar más importante de conquista no es con el público, sino en lo privado con Dios, de rodillas en ayuno, oración y adoración.

Los portentos de Dios se consiguen en el lugar secreto de Su habitación, allí es donde realmente nos paramos en la brecha junto a Jesús por una nación. Y la manifestación de los mismos se ven en público. La manifestación de Dios hará que una nación se levante con testimonios de Dios. Una nación con testimonios es una nación que muestra su dependencia de Dios.

LA GLORIA DE DIOS

No estamos aquí en la tierra para ver planes de opresión, pero si para ver la gloria de Dios, que requiere una generación de hombres y mujeres provocadores de milagros y prodigios. Que se atrevan a levantar servicios de sanidad en cualquier atmósfera, a orar por gente en cualquier situación y a promover que desciendan los planes de Dios en una nación. Para lograr este objetivo, se necesita de un tanque lleno de oración, adoración y estrategias que provoquen la gloria de Dios.

Hace un par de meses tuvimos el privilegio de recibir a los pastores de Venezuela en nuestra casa, a quienes admiro y respeto la labor impresionante que ejercen en estos tiempos. En una de las conversaciones que tuve con uno de ellos, me comentaba lo que significa ser un pastor en esta temporada tan difícil del país.

Personalmente admiro y quiero felicitarlos por el gran reto que han aceptado diciendo "sí" a Jesús en esta temporada. Hacen un trabajo admirable con tanto amor y entrega a Dios y por las ovejas.

Amado Dios, yo creo en la reconstrucción
que derramas sobre cada nación.
Yo creo en tu agenda y la abrazo una vez más.
Abrazo cada uno de Tus pensamientos para mi nación.
Eres el Dios de buenos pensamientos para nosotros.
Perdona todas las quejas que hemos levantado
en Tu contra.
Rogamos Tu perdón, y que derrames un cántico nuevo.

Es el cántico de la reconstrucción.
Gracias te doy porque mi nación dará
brincos de alegría.
Se escucharán las voces consoladas por Ti
en toda la tierra.
Todos sabrán que Tu misericordia
y ternura nos ha visitado.
A una sola voz cantamos que Tú nos has reconstruido.
Que has juntado cada pieza con Tu amor.
Que somos nuevos, todo es nuevo.
Nuestros corazones están totalmente agradecidos.
Nuestros corazones exaltan Tu nombre
y Tus maravillas.
(mayo 16, 2017)

¿Quién iba a pensar que, en la peor temporada de un país, Jesús te llame a pastorear? En donde la escasez de comida es impresionante, los crímenes volátiles, la seguridad no existe, los medicamentos son negados a la población, los hospitales no tienen equipos médicos ni las facilidades sanitarias para ofrecer servicios a los pacientes… entre otras atrocidades.

Durante mi conversación, entre lágrimas y abrazos, recibiendo el consejo de Dios a través de Su Palabra, el Espíritu Santo ponía en mi corazón el sentir de que esa era la temporada más apropiada para milagros y prodigios. Que era la temporada donde el avivamiento más grande y notorio de la historia de Venezuela iba a tener lugar, porque Dios había escogido personas como ellos para provocar el derramar de la gloria de Dios sobre la nación.

LA INTELIGENCIA DEL ESPÍRITU SANTO

Es impresionante ver la inteligencia del Espíritu Santo derramarse en una nación. Él sabe cómo transformar todo plan de destrucción que el enemigo proyectó, en planes que llevan el sello de Dios marcados con milagros y prodigios. El enemigo desea enfermar a las naciones y luego oprimirlos a través de la escasez de medicamentos. Sin embargo, Dios levanta casas de oración en las calles, donde hay hombres y mujeres que imponen manos sobre los enfermos, proclaman la sangre de Jesucristo y son sanados.

"...y ungían con aceite a muchos enfermos y eran sanados." (Marcos 6:13, Peshitta)

DEBEMOS INTERRUMPIR TODA OPRESIÓN

Toda nación necesita de hombres y mujeres dispuestos a pararse en la brecha en oración con Jesús para no aceptar ninguna opresión. El Padre Celestial desea que nosotros abracemos nuestro rol como libertadores.

Creo que es una buena oportunidad para que allí donde estás leyendo estas líneas puedas clamar a Dios y pedirle: 'Espíritu Santo, abrazo Tu agenda y te ruego por un despertar tuyo en mi corazón, en el nombre de Jesús'. Eso es lo que realmente tiene impacto en el cielo y en la tierra, el clamor de Sus hijos.

Nos hemos acostumbrado como humanos a traer la angustia, desesperación, temor, tristeza, impotencia, entre otros, a la atmósfera de opresión. Pero necesitamos traer el elemento más importante que es la oración. Atrévete a interrumpir toda opresión destructora con el poder del Espíritu Santo en tu nación a través del clamor y de una fe extravagante y atrevida.

Necesitamos una fe extravagante y atrevida.

Para atrevernos a interrumpir toda opresión destructora debemos rogar a Dios por amor hacia una nación. Uno de los motivos más grandes por los que Jesús hizo todo lo que hizo, fue por amor a nosotros. La Palabra de Dios establece: *"Nosotros le amamos a él, porque él nos amó primero"* (1 Juan 4:19).

Jesús desea que nuestro corazón llore y clame por una nación con la misma intensidad que Él lo hace. He experimentado que, a medida que paso más tiempo con Jesús, Él mismo me acerca más a los deseos de Su corazón, y poco a poco comienzo a desarrollar un amor por lo que Él ama.

He aprendido que Su corazón ama a las naciones y que Él desea que todos vivamos en la plenitud y libertad que nos ha concedido. Hay tantos anhelos y pensamientos por conocer de Jesús. En el lugar íntimo de oración con Jesús es donde adquirimos todo lo necesario para impactar la atmósfera espiritual y provocar que descienda lo invisible a lo visible de nuestra nación.

Jesús desea que nosotros nos atrevamos a provocar milagros y prodigios en una nación a través de la adoración y oración. Jesús expresa abiertamente el deseo de Su corazón hacia nosotros en el Evangelio de Juan: *"De cierto, de cierto os digo: El que en mí cree, las obras que yo hago, él las hará también; y aun mayores hará, porque yo voy al Padre."* (Juan 14:12). Tú y yo estamos aquí para obrar "cosas mayores" y no quedarnos enfocados en la opresión.

Podemos pasar mucho tiempo enfocados en la opresión sin ejercer nada e ignorando el poder de Dios que se nos ha sido entregado.

Jesús amado, intimo mío, Dios de justicia y liberación.
Dios, que puedes visitar mi nación con Tu justicia
y maravillas, ruego por Tu gloria que se derrame.
Ruego por Tu justicia, Tuya es la justicia
y mío el placer de adorarte y esperar en Ti.
De ti es el poder y de mi es el confiar en él.
Tuyos son los milagros y mío es el poder buscarlos.
Enséñame a buscar el deseo de Tu corazón
para mi nación.
Ruego por tiempos de restauración que vienen con la
temporada de reconstrucción que tienes reservada.
Amo cada paso de la reconstrucción.
No creo que estemos construyendo, pero sí entrando
a una temporada de reconstrucción.
Es la oportunidad de una generación que
se sostiene de la presencia de Dios.
Señor, bendice a esta generación para que permanezca
y conserve el peso de gloria, el cual es Tu impartición.
Veo cómo reconstruyes cada pieza que está regada,
y nos motivas a reconstruir contigo para ver Tu gloria
en nuestra nación.
En el nombre de Jesús, Amén.
(junio 16, 2017)

CAPÍTULO 3

Impotencia & Riesgo

Hay un nivel alto, desastroso e incontrolable en este mundo desde el primer minuto que salimos del vientre de nuestra madre. Hay tantos eventos que experimentamos al nacer, tantas visitas que recibimos, tantas o ninguna persona que nos ame, todos o nadie que nos rechace, o quizá muchos brazos que hayan estado esperando nuestro nacimiento. ¿Quién sabe? Nunca conoceremos las intenciones del corazón de la gente, y realmente no es necesario saberlo.

Lo que más me concierne cada vez que nace un bebé es la incapacidad que tiene en ese momento de defenderse y razonar. No tenemos ninguna posibilidad de tomar decisiones concretas, ni tan siquiera pensar en lo que está pasando a nuestro alrededor. No sabemos el hogar al cual vamos a llegar, ni los padres que vamos a tener, o los hermanos o hermanas con quien compartiremos el resto de nuestras vidas, o no. De la misma manera me preocupa las visitas que recibimos, nunca sabremos las intenciones de cada persona que nos visita. Nunca sabremos razonar y conocer en ese momento tanta información.

LA VISITA DE JESÚS

Lo hermoso de esto, es la belleza de pureza y protección que Dios coloca sobre nuestras vidas desde el primer momento. Es hermoso ver y sentir Su protección. Jesús es la visita más importante que todo bebé necesita al nacer. Son los brazos más hermosos y tiernos que podemos tocar y descansar en ellos. Éstos son los brazos de mi amado, mi íntimo amigo, Jesús.

> *Amamos Tu visita.*
> *Rogamos Tu visita.*
> *Deseamos servir Tu mesa.*
> *Es un honor sentarnos contigo.*
> *Deseamos aprender de cada uno de Tus gustos.*
> *Deseamos honrarte.*
> *Deseamos ungirte y derramar*
> *el más preciado perfume sobre Ti.*
> *Deseamos obsequiar el mejor perfume, solo para Ti.*
> *Tú eres digno, por siempre digno.*
> *Es un honor ofrendar para Ti.*
> *Eres nuestro mayor tesoro.*
> *Queremos inundar todo con adoración para Ti.*
> *Deseamos derramar nuestras vidas una y otra vez.*
> *Nuestro mayor tesoro es estar contigo.*
> *(mayo 5, 2017)*

Siento que damos tantas vueltas en esta vida antes de apreciar los brazos de Jesús, de reconocer Su visita permanente en nuestras vidas. Y no debemos sentirnos culpables por todos los años que pasaron en los cuales vivimos lejos de Él. Él siempre nos ama y ha estado allí desde antes que llegáramos a la tierra.

Su visita nos ha esperado desde el principio de todo. Percibir Su visita muchas veces nos tarda mucho, ya que nuestra condición es de humanos, y Él ama eso de nosotros. Él ama encontrarnos en nuestras debilidades. Él ama abrazarnos cuando más necesitados estamos, cuando más frágiles somos.

Es una de las razones por las cuales Él ama visitarnos desde nuestro nacimiento, son Sus brazos los que nos dan la bienvenida a este mundo, es Su amor el que nos arropa en nuestra fragilidad y protege cuando aún no podemos razonar y tomar decisiones por nosotros mismos.

Siento que me abrazas,
como si fuera Tu único amor, amado Jesús.
Siento cómo me abrazas como si
yo fuera Tu único amor.
(marzo 26, 2017)

IMPOTENCIA

Probablemente sientes la impotencia de no haber podido decidir, o hacer muchas de las elecciones en tu vida. Esto me hace recordar a Moisés cuando era un bebé, que fue lanzado a un río sin saber lo que le esperaba, sin opciones ni capacidad para escoger, empujado a experimentar riesgos en un río y en una tierra ajena.

Allí en el río el Padre Celestial lo adoptó como un futuro libertador para una nación que sufría opresión. Es que antes de la adopción terrenal siempre está la del Padre celestial. Su adopción trae un cuidado y una paternidad que nos protegerá todos los días de nuestra vida. Su paternidad separa las aguas y nos hace habitar en Sus brazos hasta el último respiro.

Muchas veces somos lanzados a un alto nivel de riesgo sin saber qué es lo que podrá suceder. Moisés no tenía idea lo que estaba aconteciendo, obviamente era tan solo un bebé. Recibimos la visita de Dios desde que somos unos bebés físicamente. Sin embargo, aunque en ese momento no entendamos todo lo que está sucediendo, el Espíritu Santo, al igual que Jesús, nos abrazan y poco a poco comienzan a enseñarnos el significado de cada evento.

Es asombrosa la manera en que el Espíritu Santo nos espera y con tanto amor y paciencia visita nuestro entendimiento para que podamos percibir y conectar con el corazón del Padre celestial. Moisés recibió la visita del Espíritu Santo, pero en ese momento no entendía, ni podía percibir a Dios.

Somos visitados por el Espíritu Santo en nuestra generación para recibir un rompimiento de gloria para nuestra nación. Así como somos visitados por opresiones de este mundo, de la misma manera y con más poder y potencia somos visitados por el Espíritu Santo para recibir libertad y la impartición de Dios.

Somos depósitos de Dios, depósitos de Su mismo Espíritu, y Él desea que atesoremos todo lo que intenta derramar en nuestros corazones. En 2 Timoteo 1:14 menciona la Palabra de Dios: *"Guarda el buen depósito por el Espíritu Santo que mora en nosotros."* (2 Timoteo 1:14, Peshitta).

Qué hermoso es saber que Él ha fijado Sus ojos en nosotros para depositar de Su hermosura y usarnos en nuestra generación para el mejor rompimiento de gloria en una nación.

Tu gloria nos rodea y es un hermoso misterio...
Un misterio del que solo creo tener una idea.
Jesús, yo siento que es tan pura la manera
que entrelazas la relación y lealtad.
Jesús, Tú eres mi ejemplo de todo y en todo.
Sin embargo, hoy deseo resaltar Tu lealtad
y continuo intercambio de oraciones que haces al Padre.
Tus continuas oraciones y lágrimas son minutos eternos
que me dan un nuevo significado de la gloria.
Es como si transportara la gloria a otra arena,
a una que no conozco.
Me gustaría tener una fotografía de la gloria.
Sin embargo, hoy me doy cuenta de que Tú Jesús eres
la imagen completa de la gloria.
Eres la imagen de lo que necesitaba y lo que buscaba.
Una que es digna de contemplar por siempre.
Te doy gracias por la imagen de gloria
y lealtad que representas para mí.
Sé que eres el eterno amigo del Padre celestial,
por la eternidad.
(mayo 5, 2017)

UNA MENTALIDAD DE CONQUISTA

Dios levanta libertadores en cada generación con una mentalidad de conquista totalmente apostólica. Libertadores dispuestos a correr la agenda del Espíritu Santo en esta temporada. Cada libertador escogido por Dios en cada generación tuvo que vencer el temor y abrazar todos los riesgos del camino.

Jesús es nuestro ejemplo por excelencia, toda Su vida aquí en la tierra fue un riesgo. Sin embargo, Él aceptó la responsabilidad espiritual y física de libertar a todas las generaciones por la eternidad, incluyendo la que a Él le toco vivir.

Podrás estar leyendo estas líneas y quizá pensar que este mensaje es para otra persona, pero realmente es para ti. Es para tu nación, es para tu gente, es para tu familia, es para tu industria y para todo lo que estás viviendo y viendo a tu alrededor. No esperes que alguien te reconozca como un libertador, hazte un libertador con tan solo abrazar la agenda del Espíritu Santo y decir "sí" al riesgo de Su voluntad sobre tu nación.

La responsabilidad espiritual es el resultado
de una relación con Jesús.

CAPÍTULO 4
Adopción & Confianza

Papito Dios desea que confiemos en Él extravagantemente sin la capacidad de defendernos o de protegernos. Él siempre nos lleva a la máxima expresión de confianza, a un lugar totalmente desconocido para nosotros.

Ése es el lugar de encuentro, el lugar donde Él habita y desea que nosotros habitemos también. En este lugar desconocido se genera una pregunta: "¿Acaso podemos seguir a Jesús, aunque tengamos que enfrentarnos con la realidad de que nuestro destino ha sido cambiado sin habernos preguntado?"

Es duro responder esta pregunta y aceptar el desprendimiento intenso que esto conlleva. Sin embargo, para poder experimentar un rompimiento de toda opresión en nuestra nación, siempre debe haber un cambio de planes, un cambio de ruta.

Es difícil que podamos ver cambios, si continuamos en la misma ruta. Muchas veces alguno de estos cambios implica mudarnos de nuestra nación natal, cambiar de empleo, pérdidas financieras, pérdidas familiares, cambios de posición social, entre otros.

Todos estos cambios van acompañados de profundas tristezas y soledad. Sin embargo, es impresionante cómo cada una de estas siluetas del camino nos acerca a Dios y provocan muchos encuentros con Él.

ADOPCIÓN

Te contaré un poco de la historia de nuestra familia. Somos todos de Venezuela y en la década del 90, mis padres, Juan L. Calveti y Angélica Díaz de Calveti, guiados por la voz de Dios, decidieron mudarnos a Estados Unidos. La adopción de Dios para nuestras vidas ya había comenzado desde antes de que mis padres hubieran tomado la decisión de mudarnos.

Llegamos a los Estados Unidos solamente con nuestras maletas, y sin idea de qué nos esperaría. Pero Dios tenía un plan perfecto y el Espíritu Santo poco a poco nos fue guiando a Su agenda y a la voluntad de nuestro amado Padre. Ha sido sumamente interesante ver la agenda del Espíritu Santo cumplirse.

Considero que uno de los elementos más valiosos que aceleran la revelación y el cumplimiento de la agenda del Espíritu Santo es la obediencia. Personalmente admiro muchísimas cosas de mis padres, pero en especial valoro intensamente la obediencia que han tenido hacia Dios y la medida extravagante que tienen de fe.

Es el tipo de fe que cree en la adopción del Padre celestial, que cree que Dios proveerá, que cree que Dios nos sanará una y otra vez, que cree que Dios pondrá cada pieza en el camino, que cree que Dios nos dará un techo y un refugio todas las noches de nuestras vidas.

Dios puso personas en nuestro camino que nos arroparon, nos dieron alimentos, nos dieron un techo y de mil maneras cuidaron de nosotros. Somos encontrados por Dios en una atmósfera donde tenemos que confiar plenamente en Él sin tener la capacidad de defendernos o protegernos.

A SU ENCUENTRO

¿Sabes? Muchas veces nos encontramos sin la capacidad de confiar en Dios y salir a Su encuentro. Frecuentemente, los cambios que se generan en nuestra ruta de vida no son los más esperados, no son los más placenteros, crean un alto nivel de inseguridad, tratan de infundir miedos, golpean nuestra fe en Dios, tratan de robarnos nuestra esperanza y tarde o temprano somos encontrados llorando ante los pies de Jesús.

Es en esta condición que somos encontrados por el Padre celestial, llorando. Las razones detrás de cada llanto pudieran ser muchas, pero quizá podamos reducirlas a una sola palabra: abandono. Somos encontrados llorando por el profundo abandono que sentimos, la profunda impotencia de no poder hacer nada al respecto.

Es allí, en ese lugar de abandono, que el Padre celestial llama un lugar de adopción, donde tenemos la gran oportunidad de paternidad que cautiva Su corazón. En ese momento Él se deleita en abrazarnos y arroparnos con Su paternidad. Es que cuando perdemos la capacidad de cuidarnos y protegernos a nosotros mismos es cuando el Padre celestial sale al encuentro.

PATERNIDAD

Yo defino la paternidad como el vínculo celestial entre dos seres que usan vehículos humanos para expresar un modelo divino del mayor voltaje de amor y protección. Hay muchísimos vínculos de amor entre nuestro amado Padre celestial y Jesús, pero el mayor es la paternidad.

Uno de los regalos más importantes que podemos recibir de Dios es Su paternidad. Y así como lo es para nosotros, también es el regalo más grande para nuestros padres terrenales, quienes muchas veces también pierden la capacidad de proteger y cuidar, por lo tanto, no pueden expresar o seguir siendo los vehículos humanos en esta tierra para amarnos y protegernos. El Padre celestial también ve a nuestros padres terrenales como Sus hijos, entonces Él nos adopta a todos y nos ama por igual.

Uno de los placeres más preciados que el Padre celestial nos expresa día tras día es la paternidad. Él derrama en nosotros una paternidad que pone fin a todo abandono y abre las puertas a una confianza que produce seguridad en nosotros como hijos.

Deseo compartir este versículo contigo, ya que para mí contiene tanto amor paternal de Dios, es la máxima expresión de amor que cualquier hijo puede recibir: *"Como un pastor que apacienta su rebaño y que con su brazo reúne a los corderos, y en su seno los lleva, y sustenta a los recién nacidos."* (Isaías 40:11, Peshitta).

Es que todos nosotros, como Sus hijos, debemos abrazar la verdad de que la primera paternidad proviene de Él y la adopción humana es secundaria. Estamos en la búsqueda de la paternidad divina de Dios, y Él ya nos abrazó desde mucho antes de que llegáramos a este mundo. Todos anhelamos tener un Padre, todos merecemos tener una paternidad que brinde seguridad y amor.

Sana nuestro corazón roto,
el mismo que no puede ver Tu amor constante.
Sana nuestro corazón roto,
el mismo que estás viendo…
Sana nuestro corazón herido
y ayúdanos ver la belleza de Tu paternidad.
Tú eres fiel, y eres bueno, por siempre
un Padre maravilloso.
Sana nuestro corazón, el mismo que contemplas,
el mismo que puedes arreglar.
Deseamos verte rodeado de tus ropas
de un Padre de amor.
Nos das el regalo más grande,
y es el de contemplarte a Ti.
Te ruego que arranques todo lo que hiere
nuestro amor de Padre e hija.
(marzo 13, 2017)

Hace unos meses atrás escribí la siguiente oración a Dios, durante un tiempo de devocional. Ese día, marzo 28 de 2017, yo sabía que Él estaba guiando mi corazón a Su paternidad. Personalmente estoy convencida de que es en el lugar secreto a solas con Dios que las piezas más importantes de nuestra vida son edificadas, como lo es la paternidad de Dios.

Quisiera que este proceso fuese más acelerado, pero nada pasa en un solo día. Yo paso muchas horas esperando en Dios, escribo cartas a Él que sé que quedan grabadas en Su corazón eternamente, mientras yo anhelo decirle todo lo que escribo cara a cara, quizá con una taza de café, sentados en dos sillas ordinarias, en algún lugar abierto. Sé que ese día llegará y sé que Él sabe que es mi mayor anhelo.

Padre amado, Dios amado.
Padre que siempre nos esperas tan lleno de amor
y ternura.
¿Quién como Tú?
¿Quién como Tú que nos llenas de tantas dádivas?
¿Quién como Tú que inicias esta relación de vida
con nosotros los humanos?
¿Quién como Tú que nos amas, y nosotros tan
perdidos en los conceptos de amor y familia?
¿Quién como Tú que nos llamas "hijos" y nosotros
sin saber qué es disfrutar a un Padre celestial?
Sin embargo, sales cada día a nuestro encuentro,
aún sabiendo que nos falta aprender a disfrutarte.
Sales una y otra vez a nuestro encuentro más
frecuentemente de lo que podemos percibir.
Tu compasión nos acompaña a todos lados.
Tus planes se extienden y tantas veces lo ignoro.
Hoy deseo que sepas que eres mi gran tesoro, mi amado
misterio… a quien anhelo conocer más y más…
a quien deseo abrazar y pasar contigo la eternidad.
Eres un buen Padre y deseo que sepas
que yo pienso esto de Ti.
Eres amado en todo y amo Tu corazón.
Siempre tienes algo que impartir, especialmente
nos estás dando de Tu esencia y de lo privado
y excelencia de Tu casa.
Tu concepto de habitación es maravilloso,

y es cautivante pensar en los detalles de la misma.
Eres el Padre amado, mi Padre amado,
siempre presto a servirnos y compartir la belleza
de Tu habitación con nosotros.
Estar contigo en Tu lugar de habitación es uno de mis
mayores sueños aquí en la tierra y por la eternidad.
Siento que nuestros clamores decoran Tu habitación…
sé que son un tesoro para Ti.
Sé que escuchas y abrazas cada clamor.
Es increíble ver la manifestación de Tu corazón
en cada petición contestada.
Me siento totalmente satisfecha con la belleza
de Tu paternidad.
No importa si no veo mis peticiones contestadas,
permaneceré buscando Tu belleza.
Deseo conocerte aun más e intimar con Tu corazón.
Esta relación va más allá de los beneficios que podamos
recibir de Ti, se trata de una relación de amor
entre un Padre y una hija.
Eres mi hermoso misterio.
(marzo 28, 2017)

CAPÍTULO 5
Libertad & Plenitud

¿Qué significa vivir en libertad? ¿Cómo podemos definir realmente la libertad? ¿Es acaso algo tangible, o intangible? ¿Es algo que proviene de lo externo hacia lo interno, o lo opuesto? ¿Es acaso algo que podemos fabricar con material humano, o divino? ¿Es algo permanente, o temporario? ¿Quién gobierna el tiempo de la libertad? ¿Somos acaso responsables de tanta opresión? ¿Es algo verdadero, o una ilusión que se esfuma en un cerrar y abrir de ojos? ¿Acaso podemos asociar tiempos de abundancia con libertad? ¿Es la abundancia evidencia de la libertad? ¿Es acaso la libertad la manera en que somos vistos por el resto del mundo? ¿O somos la imagen que Dios está viendo?

Judas estaba viendo preso a Jesús, sin embargo, la libertad de Jesús siempre ha sido gloriosa. Jesús desea que nos veamos con la libertad que Él nos ha dado desde el principio. Queda en nosotros, en nuestra generación que estamos viviendo, vivir la libertad que se nos ha sido concedida a través de Jesucristo desde antes que naciéramos.

El mundo define la libertad de una manera tan distinta a como Jesús lo hace. En ocasiones, se expresa como el deseo de toda nación, que anhela caminar por sus calles con una libertad que brinde seguridad a todos. Con la libertad que todo padre anhela brindar a sus hijos. Toda nación anhela ser admirada por el mundo completo por su libertad de derechos humanos, expresión religiosa y de comercio.

Sin embargo, aunque esta manera de pensar en cuanto a la libertad es buena y aceptable, hay mucho más que meditar acerca de la libertad. A aquellos que oprimen a una nación, les complace ejercer un control enfermizo en el cual colocan a la nación a la vista como una que perdió su libertad, incluyendo sus derechos como humanos.

JESÚS ES LA LIBERTAD

Jesús desea que vivamos una vida de plenitud, y esa es la libertad que nos hace falta aquí en la tierra. Jesús es el principio y final de la libertad. Él es la máxima expresión de la libertad, y por eso Él anhela que nosotros vivamos como Él y estemos con Él.

La libertad que nos regala es tan amplia que no hay libros en este mundo que puedan realmente capturar la belleza de la libertad que Él nos ofrece.

Jesús está danzando con brincos de libertad todos los días. Él está entre montes, con gente, entre árboles, en campos amplios, en la lluvia, en nuestro corazón y en todo lugar. Cada una de Sus expresiones nos lleva hacia una dirección, la libertad. Y es que la verdadera libertad que una nación necesita está con Jesús y proviene solo de Él.

"Padre, deseo que donde yo estoy también estén conmigo

los que tú me has dado, para que contemplen mi gloria,
la que me diste, porque me has amado desde antes de
que el mundo fuera establecido." (Juan 17:24, Peshitta)

Jesús desea llevarnos al lugar donde Él habita, que es un lugar de libertad plena. Quizá tenemos la idea de que disfrutaremos de dicha libertad recién cuando partamos de esta tierra, pero no es así. Aquí en la tierra es donde comienza la manifestación de la libertad. Aquí es donde damos nuestros primeros pasos hacia la libertad, que solo los podemos dar de la mano de Jesús.

Qué hermosa realidad es esta, saber que Jesús nos sostie-
ne de Su mano. "Y yo les doy vida eterna; y no perecerán
jamás, ni nadie las arrebatará de mi mano."
(Juan 10:28)

Es que, caminar de la mano de Jesús significa que estamos garantizados a vivir la dosis más alta de libertad que alguien puede obtener, mediante constantes encuentros con Él. Es un honor salir al encuentro de Jesús cada oportunidad que tenemos. Es salir a un campo abierto y expresar nuestro amor por Jesús. Es encontrar la persona más pura y digna de todo.

Jesús es digno por siempre de que volvamos a salir una y otra vez a Su encuentro para disfrutar de Su libertad. Gran parte de este encuentro consiste en que nos brinda la libertad de conocer Su corazón y adorarle con la máxima expresión de amor. Esto es lo que yo pienso cada vez que medito en la palabra libertad.

Jesús ama ver una nación con Su libertad. Este es el anhelo del corazón de Jesús, que todos vivan en libertad. Sin embargo, el tipo de libertad que Él desea es la que proviene del Espíritu. Es una libertad que proviene del mismo Espíritu del Padre celestial. Y es dado a cada persona que con un corazón rendido abre las puertas de su corazón e invita a Jesús a que habite y que perdone sus pecados. Instantáneamente el Espíritu del mismo Padre entra para habitar por siempre dentro de nosotros.

"Que si confiesas con tu boca a nuestro Señor Jesús, y crees en tu corazón que Dios lo resucitó de entre los muertos, serás salvo, porque la Escritura dice: 'TODO EL QUE CREE EN ÉL NO SERÁ CONFUNDIDO'" (Romanos 10:9-11, Peshitta)

Te invito hacer la siguiente oración, si así lo deseas.
Señor amado, Jesús: hoy me acerco a Ti
con un corazón humilde y rendido.
No tengo idea de qué es lo que va a suceder después
que haga esta oración, pero no tengo temor.
Hoy decido vivir en Tu libertad y no bajo el temor.
Hoy, voluntariamente, abro las puertas
de mi corazón hacia Ti.
Te invito a que habites dentro de mí.
Que hagas mi corazón y toda mi vida nueva.
Deseo ser libre de todo pasado y todo pecado.
Estoy cansado de ser arrastrado por el pecado.
Reconozco que soy pecador y que te necesito.
Necesito ser perdonado por Ti.
Hoy reconozco que Tú eres el único que puedes

perdonarme y hacerme de nuevo.
Escribe mi nombre en el libro de la vida.
Ayúdame a caminar contigo hasta el final.
Ruego por Tu Santo Espíritu que invada mi vida
y que me proporcione la libertad que necesito
para mí y para mi nación.
En el nombre de Jesús. Amén.

Fecha: _____

"Yo, yo soy el que borro tu iniquidad por amor a mí mismo, y no recordaré tus pecados." (Isaías 43:25, Peshitta)

Es que la libertad genuina proviene de Jesús, y comienza con la salvación, que es la plataforma de este caminar, como una gran puerta hacia la libertad. Es entregar el control de nuestra vida a Dios y confiar plenamente, a ciegas.

Es uno de los regalos más hermosos y valiosos que el Padre celestial nos dio a través de la vida, muerte y resurrección de Su Hijo amado, Jesús. Es la invitación hacia la habitación celestial, hacia la morada del Padre. Él nos espera a ti y a mí, y algún día le veremos. Y en ese día estaremos totalmente restaurados y hechos nuevos.

"Porque de tal manera amó Dios al mundo, que hasta
dio a Su Hijo Unigénito, para que todo el que crea en Él
no se pierda, sino que tenga vida eterna."
(Juan 3:16, Peshitta)

EL PLAN DE LIBERTAD

Gran parte del plan de libertad de Dios para nosotros es que seamos totalmente restaurados primero en nuestro interior, para así poder reconstruir nuestra nación. Si permanecemos con la falta de Dios, no podremos reconstruir nuestra nación con la libertad que todos se merecen, la de Jesús.

Dios necesita de personas como tú y yo para reconstruir una nación. Toda la restauración que Dios hace nos permite ser parte de la reconstrucción de nuestra nación. Las personas restauradas y cercanas a Jesús pueden reconstruir con las fuerzas de Dios y no las de ellos. Somos dependientes de Jesús, dependemos de Sus fuerzas.

Anhelemos una nación reconstruida con los brotes de Jesús. Una reconstrucción que sea duradera y sostenida por Jesús, guiada por la sabiduría de Él. Creo firmemente que la reconstrucción es muy distinta a la etapa de construcción. Una temporada de reconstrucción requiere de un cambio de cultura, mentalidad, cambios de conducta, cambios políticos, cambios sociales, entre otros. Por ende, se necesita de una base sólida como Jesús para así reconstruir sobre un terreno fértil y estable.

"Porque como el suelo produce sus brotes, y como el huerto hace germinar la semilla, así Yahveh Dios hará germinar la justicia y la alabanza ante todas las naciones." (Isaías 61:11, Peshitta)

CAPÍTULO 6
Belleza & Anhelo

J esús es realmente hermoso. Todo de Él es hermoso. Cada visita de Él trae hermosura a nuestras vidas. La belleza de Sus vestiduras, Su voz, Su ternura, Su fragancia, Sus manos, Sus ojos, Sus hombros, Sus pies y todo lo que Él es, nos tardaría una vida entera poder contemplar.

Una vez que lo conocemos, nos damos cuenta de que Él es digno de contemplar por la eternidad. Él ama mostrarse a nosotros con tanta ternura que nos dejará con el anhelo más profundo de que nos visite una y otra vez.

Yo pienso que hemos llegado a este mundo a conocerlo a Él, y una vez que lo conocemos, comenzamos a invertir todos nuestros días en contemplarlo y buscarlo. Es que realmente se necesitan todos los días de nuestras vidas y toda la eternidad para conocerlo y estar con Él.

Jesús ama visitarnos.
Cada visita de Jesús, lo transforma todo.
El escuchar Su voz y las expresiones de
Sus pensamientos hace que nuestros pensamientos
se detengan por completo.
Nos deja sin tiempo para articular ninguna pregunta.
Cada frase de Jesús es impactante y trae tanta paz.
(abril 5, 2017)

EN SU PECHO

Deseo expresarte tanto acerca de Jesús. Es un hombre maravilloso y tan lleno de amor. Su amor penetra nuestro entendimiento y lo cambia todo. Una de las muestras de Su amor es cuando nos visita. Jesús está todos los días visitándonos. Cada visita de Jesús lo transforma todo, lo cambia todo.

Una de las transformaciones más notables que Jesús hace en nuestro corazón es acercarnos más a Él y fortalecer nuestra relación. Nos une más a Él, nos acerca más a Su corazón, Sus emociones, Sus pensamientos, Sus deseos y Su voluntad. Entre otros regalos que recibimos cuando habitamos recostados en Su pecho, está la impartición de amor.

Muchas veces se trata de tan solo acercarnos a Jesús y dejar que Él visite cada una de nuestras memorias, necesidades, sueños, emociones, preguntas y todo lo que está estático o flotando en nuestra alma. Es hermoso experimentar cómo Dios es el único que puede visitar cada esquina de nuestro corazón con la libertad y el amor que necesitamos, para que nos sintamos amados y aceptados.

Uno de los mensajes más hermosos que Jesús desea grabar en todo nuestro interior es que somos totalmente amados y aceptados por Él, y no hay nadie que pueda cambiar esta verdad. No hay nada que nosotros podamos hacer para impresionarlo y lograr que Él aumente Su amor por nosotros, porque Él nos ama desde antes que existiéramos en este mundo.

Su dulce Palabra nos menciona que *"Nosotros le amamos a él, porque él nos amó primero."* (1 Juan 4:19). Jesús nos permite estar cerca de Él, en Su pecho, y es allí donde nuestro corazón se sensibiliza a Su amor.

EL TONO DE JESÚS

En un sueño vi a Jesús, y deseo compartir esta experiencia contigo. Mi oración y ruego a Dios son que también tú recibas esta visita de Jesús.

En mis sueños, yo estaba sentada en una silla bastante común y la iluminación del lugar era tenue, entonces un hombre muy hermoso, del cual no logré ver Su rostro, aunque estaba muy cerca del mío, se acercó y me dijo: "Zoah, quiero que sepas que no hay nada mejor que la casa de mi Padre."

Estas fueron sus palabras que Él deseaba compartir conmigo esa noche. Mi mejor amigo, Jesús, deseaba decirme esas palabras y que yo las atesorara en mi corazón. Son tan especiales Sus palabras, están grabadas en mi alma para siempre.

Realmente no puedo describir mucho, o imitar el tono de Su voz, pero es increíble. Verdaderamente es un tono de mucha paz, es muy dulce. No he escuchado a un hombre en este mundo hablar como Jesús.

Mientras Jesús hablaba yo sentía que mi mente no podía razonar o formular ninguna pregunta. Hasta sentí que el tiempo se detuvo y toda mi concentración estaba puesta en Él. Cuando desperté pensé en todo lo que había experimentado cuando vi a Jesús. Recordé ese versículo cuando Jesús mencionó: *"La paz os dejo, mi paz os doy; yo no os la doy como el mundo la da. No se turbe vuestro corazón, ni tenga miedo."* (Juan 14:27).

Por primera vez experimenté una paz que nunca había sentido en mi vida. Su tono de voz y palabras fueron tan hermosas, con una paz que sobrepasa todo lo que yo podía pensar o sentir en ese momento. Era una paz que fue ordenando mis pensamientos y mi corazón.

Una de las obras más hermosas que hace Jesús es centrar nuestro corazón en Su paz y amor. Con tan sólo una frase puede centrar todas nuestras ideas, miedos, alegrías, tristezas, preguntas y conclusiones. Sus palabras visitan cada una de nuestras memorias, sanando e impactándonos con Su belleza. La belleza de Jesús te va a mantener a lo largo del camino.

CERCANÍA

Antes de enunciar Su mensaje: "Zoah, quiero que sepas que no hay nada mejor que la casa de mi Padre," se inclinó a mí de frente, mientras estaba sentado en una silla, y puso Su mano en Su rostro, como en Su quijada. Su expresión corporal inspiraba tanta confianza, ternura, delicadeza, amor y paz.

Verdaderamente Jesús es hermoso. Él es hermoso. Nunca quiero olvidar este sueño, nunca quiero olvidar Sus palabras. Nunca quiero olvidar Sus expresiones de amor y su tono de voz. Deseo experimentar su paz y cercanía por el resto de mis días.

Una vez que tienes un sueño como éste, se comienza a generar un profundo anhelo por conocer más a Jesús. Cada vez este deseo va incrementándose en lo más profundo de tu ser, a tal medida que hasta comienzas a llorar de pasión de amor por verlo una vez más.

Mi único deseo, cuando llega mi hora de dormir cada noche, es recibir una visita de Jesús. Me interesa muchísimo saber qué tiene que decir o cómo desea enseñarme. En este punto de mi vida, amo Sus pensamientos, amo todo lo que desea expresarme, amo Su corazón y todos Sus deseos. Cada vez que hablo con Él busco conocer Su corazón y escucharlo, anhelo ser Su amiga leal y sentarme a escuchar cada una de Sus Palabras.

Es realmente maravilloso llegar a este punto en la cámara secreta de oración, ya que comienzas a conocer la hermosura de Su habitación y olvidas por completo la lista de peticiones. Es que el lugar de oración es Su hermosa habitación y es un lugar de puro descanso. Jamás me imaginé que la oración fuera un lugar donde podía descansar.

BELLEZA QUE PERMANECE

Hay tantas preguntas que se generaron después de ese sueño, y una de ellas fue: ¿Cómo un hombre que sufrió tanto aquí en la tierra puede tener un tono tan pacífico y dulce? Su belleza física e interior permanece y sobresale a pesar de todo lo que padeció en la tierra.

Con toda valentía, Jesús enfrentó Su realidad de ser un hombre golpeado, a un hombre que resucita. De un hombre que es traicionado, a un hombre que perdona. De un hombre abandonado por todos nosotros, a un hombre que deja a un Consolador para que nunca seamos abandonados, el Espíritu Santo. Qué gran amigo fiel ¿quién se compara a Él? Definitivamente nadie se compara a Jesús.

MOMENTOS ORDINARIOS

Su belleza nos atrae a conversar con Él. Él es el Dios que nos espera. Él anhela tener momentos ordinarios con nosotros. Su belleza saca lo mejor de nosotros. Es maravilloso conocer a alguien que logra sacar lo mejor de nosotros, nuestras mejores actitudes, virtudes, frutos y respuestas.

Jesús es el único que tiene el poder para hacer florecer cada área en nuestras vidas. Él hace brotar toda nuestra vida, esto es gran parte de Su agenda para nosotros. En el libro de Isaías menciona un versículo que resalta una promesa de Jesús que dice: *"Porque como la tierra produce su renuevo, y como el huerto hace brotar su semilla, así Jehová el Señor hará brotar justicia y alabanza delante de todas las naciones."* (Isaías 61:11).

Jesús tiene el poder y la gracia de visitar a cada persona ubicada en cada nación, Él es el único que tiene el poder para visitar y transformar cada vida hasta hacerla brotar.

FLORECIENDO EN DESOLACIÓN

Muchas veces nosotros hemos pasado por temporadas de vida

donde dejamos de brotar y florecer. Son temporadas de sequía, quizá en la búsqueda de Dios, en lo emocional y hasta aún en lo físico. Son temporadas no deseadas y mucho menos esperadas. Sin embargo, Jesús se toma el tiempo y amor para visitarnos en esa temporada de desolación donde quizá exista mucha tristeza y falta de esperanza.

Deseo mencionar lo impresionante que es experimentar el florecer de Dios durante tiempos de desolación. Durante esa temporada todo se convierte más íntimo, es donde Jesús mismo nos acerca a Él. Esta cercanía nos permite conocer Su voz, intimar con Él y conocemos el aroma de Sus pies.

¿Sabes por qué conocemos el aroma de Sus pies? Porque finalmente encontramos el tiempo para sentarnos a Sus pies y escucharlo. Sentarnos a Sus pies es gran parte de la agenda de Jesús para nosotros. Marta es la que recibe a Jesús, sin embargo, María es la que se sienta a Sus pies (Lucas 10:38-42).

Es hermoso sentarnos a los pies de Jesús y enamorarnos del tono de Su voz y del aroma de Sus pies. A Sus pies nos damos cuenta de que necesitamos ser totalmente abrazados por Él, para poder florecer de nuevo. Aprendemos cuan débiles somos, y la profunda necesidad que tenemos de Él. Anhelamos con desesperación lo que Él tiene que decir, comenzamos a depender de Sus Palabras.

JESÚS TIENE TIEMPO PARA TI

Aprendemos a disfrutar Su compañía y poco a poco vemos

cómo la soledad y tristeza comienzan a disolverse. En pocas palabras, lo que deseo expresar es que Jesús restaura toda nuestra vida cuando nos sentamos a Sus pies. Él es nuestro fiel compañero, nuestro mejor amigo. El que está presto para invertir el tiempo necesario para restaurar cada pieza de nuestra vida.

Te ruego que jamás pienses que Jesús no tiene tiempo para ti, me entristece cada vez que escucho a alguien mencionar esto, ¿sabes por qué? Porque he visto a un Jesús correr miles de millas por mí una y otra vez. Él no se cansa de buscarnos, Él nunca de cansa de amarnos. Su amor es más grande que nuestras debilidades, Su amor abrazará cada debilidad nuestra.

Nosotros buscamos esconder nuestras debilidades, sin embargo, Jesús busca encontrarse con cada una de ellas e impartir de Su amor. Jesús siempre está presto para generar un encuentro. A Sus pies podemos tener este encuentro y finalmente sentir que toda distancia y el frío desaparecen. A Jesús le gusta la cercanía, Él no le tiene temor.

Una profunda cercanía fue exactamente lo que experimenté cuando Jesús dijo: "Zoah, quiero que sepas que no hay nada mejor que la casa de mi Padre."

SU MENSAJE ES SIMPLE

Quizá haya muchas maneras de interpretar el sueño, sin embargo, solo creo poder tener una idea de lo que Jesús deseaba expresar con Su mensaje de "Zoah, quiero que sepas que no hay nada mejor que la casa de mi Padre." Yo sentí una profunda paz cuando Él dijo estas palabras.

Muchas veces tratamos de complicar los mensajes de Jesús, pero en realidad son simples, y yo sentí que debía recibirlo con un corazón abierto, como una amiga. La hermosura de brindar una amistad es precisamente escuchar y atender detenidamente lo que el corazón de nuestro amigo está expresando.

Yo percibí las emociones de Jesús muy centradas y satisfechas cuando se refería a la casa del Padre celestial. Sentí que es Su lugar favorito y que el haber estado en la tierra fue hermoso para Jesús, pero en realidad no encontró lugar aquí que se comparara a la casa del Padre celestial, nuestro Padre celestial.

Me pregunto cómo será ese lugar tan hermoso, sus colores, decoración, su aroma, paredes, temperatura, la estructura, entre otros detalles. Creo que lo que hace a un hogar es quien lo habita, y debe ser maravilloso habitar con el Padre celestial.

EL ANHELO DEL PADRE

El tono de voz de Jesús era como el de alguien completamente satisfecho y convencido con el Padre celestial y Su lugar de habitación. Es impresionante ver a Jesús, y mucho más escuchar el tono de Su voz. Es impresionante, realmente impresionante.

Habitar con nuestro Padre celestial es nuestra meta final, nuestro mayor deseo, nuestra mayor esperanza. Esta es la razón por la que nuestro amado Jesucristo vino a la tierra por nosotros, fue enviado por nuestro Padre celestial.

Uno de los anhelos más grandes del corazón de Jesús es que nosotros podamos habitar con el Padre celestial por la eternidad. Que podamos sentarnos en Su regazo y habitar con Él eternamente.

EL ANHELO DE JESÚS

¿Puedes imaginarte qué grande y maravilloso debe ser habitar con el Padre celestial por siempre? Es nuestra mayor recompensa. Me impresiona muchísimo el pasaje de Juan en el capítulo 17, que es la oración intercesora de Jesús aquí en la tierra.

En esta hermosa oración intercesora, Jesús, nuestro amado Jesús derrama Su corazón en muchísimas maneras, sin embargo, expresa Su anhelo profundo de que nosotros habitáramos y viéramos la casa del Padre. Jesús clama al Padre celestial: *"Padre, aquellos que me has dado, quiero que donde yo estoy, también ellos estén conmigo, para que vean mi gloria que me has dado; porque me has amado desde antes de la fundación del mundo."* (Juan 17:24).

Mi interpretación de este versículo es que Jesús anhelaba que nosotros viviéramos en ese lugar tan especial que es la casa del Padre celestial. Es como regresar a ese momento de encuentro íntimo con el Padre celestial.

¿Cuántas veces nosotros deseamos regresar a ese lugar especial donde vivimos experiencias inolvidables que se quedaron grabadas en el corazón? Pienso que es exactamente lo que Jesús pedía en ese momento a nuestro amado Padre celestial. Parece que Jesús estaba recordando y anhelando profundamente ese lugar de encuentro, ese lugar de amor que es eterno y muy de *"antes de la fundación del mundo"* (Juan 17:24).

Nosotros los humanos buscamos repetir las buenas experiencias y gratas memorias una y otra vez. Jesús anhelaba profundamente regresar, y especialmente repetir ese momento, donde quizá había entonado un cántico nuevo para el Padre celestial.

"Canta para mí una vez más, amado Padre… canta para mí una vez más… aquella canción que entonaste sólo para mí antes de que todo esto sucediera…". ¿Cuántas veces anhelamos recordar las letras de esa canción que tanto nos gusta? Durante Su conversación con el Padre celestial, Jesús pedía repetir a solas las letras de ese himno:

> *Canta para mí, Padre Amado.*
> *Canta para mí, Padre Amado.*
> *Canta para mí, otra vez.*
> *Canta para mí, una vez más.*
> *Regrésame a ese momento donde estábamos*
> *solos Tú y yo.*
> *Regrésame a ese momento de intimidad,*
> *Solo Tú y yo. Solo Tú y yo.*
> *Danza conmigo, disfruto danzar contigo.*
> *Alégrame el corazón otra vez,*
> *Hazme sonreír como ese día*
> *Rodéame de Tu rocío…*

Hazme sonreír mientras danzamos otra vez.
Todo cambiará después de mi muerte...
Todo cambiará cuando regrese a Ti, Padre amado.
Mi cuerpo tendrá cicatrices, cicatrices eternas...
Te amo, Padre. Te amo cada vez más.
Cantaremos de nuevo, Habitaremos de nuevo,
Eternamente. Eternamente y para siempre...

¿No es acaso un lugar de habitación lo que cada uno de nosotros buscamos? Y es precisamente lo que Jesús ama brindarnos, y guiarnos al lugar donde el Padre habita. Jesús ama complacer al Padre y por eso se toma el tiempo de dirigirnos y llevarnos a la habitación del Padre celestial.

En ese lugar yo he encontrado la transformación de mi corazón, un trabajo que jamás hubiese logrado con mis propias fuerzas. Toda la gloria es de mi mejor amigo, Jesucristo amado.

UN CORAZÓN SENSIBLE

Habitar con Él es tener un corazón sensible. Sabes, muchas veces había escuchado y leído la porción en la Biblia que dice: "Y les daré un corazón, y un espíritu nuevo pondré dentro de ellos; y quitaré el corazón de piedra de en medio de su carne, y les daré un corazón de carne..."
(Ezequiel 11:19).

Quizá asociaba esta porción de la Biblia con otras cosas, pero no con la habitación de Dios. Dios desea que tengamos un corazón sensible y tierno ante Su presencia. Mi corazón ha experimentado el ser transportado de un lugar donde mostraba características de una piedra, a un corazón de carne.

Sé que me falta muchísimo más por ser transformada y sensibilizada en Su presencia, este es mi anhelo diario. Lo que sí puedo expresar sin ninguna duda es que, el lugar donde continuamente podemos adquirir y mantener un corazón de carne, es en Su habitación, el cual está rodeado de adoración e intercesión.

SU HABITACIÓN

¿Cómo es donde Él habita? Es probablemente una de las incógnitas más internas que tenemos. En Su Palabra podemos apreciar muchas características de Su habitación, sin embargo, sabremos todo, una vez que vayamos a morar eternamente con Él. Sabemos que es un lugar hermoso y que al Padre le gusta habitar en lo secreto.

A Él le complace habitar en lo secreto... y yo estoy dispuesta a invertir todo el tiempo necesario para conocerlo y estar con Él.

Definitivamente conocer Su lugar de habitación es nuestro mayor anhelo. Es allí donde El Padre siempre ha deseado que estemos, con Él. Él nos espera para habitar eternamente. Éste es Su deseo, éste es Su corazón. Éstos son Sus anhelos, y nosotros vivimos para abrazarlos.

Ésta es la razón por la cual el Padre celestial orquesta todos los planes, para que seamos visitados por Jesús y el Espíritu Santo en nuestra generación. Él ama que nosotros seamos impactados por Su amor a través de cada visita de Jesús y el Espíritu Santo. Ese amor impartido es la entrada a Su hermosa habitación.

La belleza de Tu gloria es donde deseo
enfocar mi mirada por la eternidad.
Debe ser lo que está en cada reflejo
de lo que están viendo nuestros ojos.
Hay deleite cada vez que veo Tu hermosura e imagen.
Gran parte de Tu belleza se refleja en el diseño de Tu
habitación, cada mueble refleja
la amplitud de Tu gloria, y a mí me gusta sentarme
a contemplar todo de Ti.
Espacio y tiempo siempre están disponibles
cuando se trata de Tu habitación.
Siempre hay espacio para buscar Tu gloria,
siempre hay espacio para contemplar Tu hermosura.
Me impactas con la belleza de Tu Santidad,
la belleza de Tu corazón,
la belleza de Tu pureza… todas están reflejadas
eternamente en Tus ojos.
(abril 13, 2017)

Que encuentres mirra aquí,
Que encuentres lo familiar a Ti, amado Jesús.
Lo familiar a Tu esencia.
Que encuentres mirra,
Deseamos ser encontrados con Tu aroma.
(marzo 20, 2017)

BIENVENIDO ESPÍRITU SANTO A MI GENERACIÓN

TE ESPERO

Es hermoso tener la certeza de que alguien nos espera. El Padre celestial es quien nos espera con gran anhelo. Probablemente sientas que no hay nadie esperándote, sin embargo, hoy nuestro Padre amado anhela que sepas que Él te espera con los brazos abiertos… que llora por ti y que anhela tocar tu cara y besar tus mejillas.

La satisfacción más grande de Su corazón es que podamos llegar a casa esta noche. Él es quien te contempla todos los días con ojos de amor. El reflejo tuyo está en Su mirada día y noche.

"Sus ojos son semejantes a palomas junto a estanques de aguas, bañados en leche y colocados en engastes."
(Cantares 5:12, Peshitta)

Un día, mientras pasaba tiempo en el altar de nuestra iglesia local, Centro Cristiano Fruto de la Vid, Gurabo, el mejor lugar de referencia para mis memorias, meditaba en Cantares 5:10-16 y comencé a preguntarle a Jesús acerca de Su belleza.

Recuerdo haber estado pidiendo revelación de Él. Todos los días espero profundamente verlo. Y mientras meditaba, cerré mis ojos y contemplé una visión de Sus ojos, la cual guardaré en mi corazón y no la compartiré.

Sin embargo, escribiré el mensaje que dijo: "Constantemente estoy abriendo y curando los ojos. Todos los días sanando. Constantemente intercediendo y esperando ser abrazado."

· 113 ·

Que destilemos Tu esencia, Jesús.
Que nuestra casa quede impregnada de Ti.
Cada visita tuya llena mi casa más
de Tu decoración y Tu amor.
La esencia de Tu mirra tiene un secreto
y aun deseo conocerla.
Tu esencia llena cada habitación de santidad y pureza.
Sí, estamos listos nuevamente para vestirnos y recibirte.
Para buscarte y recibir de Ti, amado Jesús.
Que podamos ser encontrados
con Tu esencia y fragancia.
Muéstranos Tu fragancia.
Anhelamos Tu visita en nuestro hogar y en todo lugar.
Que cada puerta que Tú cierres o abras
en nuestro camino, esté ungida con Tu aceite,
con Tu mirra y Tu fragancia.
(abril 19, 2017)

CAPÍTULO 7
Opresión & Adoración

La opresión es lo que impide la adoración a Dios. Uno de los regalos más valiosos para nosotros como humanos es el placer de adorar a Dios, lo cual es vital. Es curioso cómo todos buscamos a alguien superior a quien podamos rendir adoración. Algunos buscan distintos dioses o practican otras religiones en búsqueda de llenar la necesidad de adorar.

Pero nosotros, quienes hemos abierto nuestros corazones a Jesús y le hemos entregado nuestras vidas, lo adoramos solo a Él. Lamentablemente la opresión causa un sin número de dificultades que obstaculizan y nos roban la habilidad de adorar a Dios. La opresión roba la esperanza de una nación, roba la concentración espiritual y mental debido a la falta de alimentos, entre otras condiciones socioeconómicas, y también roba la capacidad de orar.

ADORACIÓN ES UN LUGAR

La adoración es lo primero que es robado durante una temporada de opresión. Probablemente estés pensando: ¿Cómo alguien puede adorar en opresión? ¿Con que concentración? ¿Cómo voy a adorar si ni siquiera he comido hoy? ¿Cómo voy a adorar si no tengo para llevar comida a mi casa? ¿Cómo voy a adorar si tengo que dormir con una condición médica sin medicamentos?

Si, es allí en ese lugar del desierto que Jesús desea que comiences a levantar incienso de adoración. La adoración es el lugar donde somos saciados de las manifestaciones de Jesús. El desierto es un lugar de adoración donde Jesús comienza a soplar de Su agenda y corazón para una nación, para así cumplir Su voluntad.

Es allí donde somos preparados para enfrentar toda opresión y aprendemos cómo sostener la gloria de Dios que se va a derramar. Y también donde tenemos la gran oportunidad de provocar la presencia de Dios en nuestras vidas y nación.

Si adoramos lo suficiente, comenzaremos a experimentar un deleite sobrenatural que desciende de lo privado de la habitación de Dios. Poco a poco notaremos que el único enfoque de nuestro caminar es Jesús y comenzaremos a concentrarnos en Su belleza. Comenzaremos a contemplar que Él está por encima de toda atmósfera de opresión.

LA ADORACIÓN COLOCA UN FIN A LOS TORMENTOS

Debemos continuar adorando hasta ver a Jesús desatar una serie de rompimientos. Y aun cuando eso suceda, continuar adorando hasta la eternidad. La adoración nos permite ver por encima de los planes de maldad que han sido diseñados para una nación, por encima de la pobreza, por encima de la enfermedad y por encima de la destrucción.

Mientras adoremos comenzaremos a ver los rompimientos de Dios trayendo paz en lugar de violencia, abundancia y multiplicación en lugar de pobreza y miseria, sanidad y bienestar en lugar de enfermedad, restauración en lugar de destrucción. La adoración a Dios coloca un fin a todo lo que una y otra vez traía tormento a los ciudadanos de una nación.

Te aseguro que hay una belleza increíble cuando podemos levantar un altar de adoración en una atmósfera de opresión, y proclamar que Jesús es el Rey de tu nación y el dueño de todo. Jesús desea que todos escuchemos Su voz y podamos levantar nuestras voces en adoración a Él.

Todos despertaremos para adorarte a Ti.
Cada persona en cada nación te adora
y se postra ante Ti.
Toda carne se sujeta al sonido de Tu voz.
Hoy escuchamos el sonido de la adoración.
Hoy levantamos un sonido extravagante.
Todos despertamos a Tu obediencia.
Necesitamos Tu despertar, Jesús.
Nosotros necesitamos adorarte genuinamente,
Necesitamos adorarte en pureza.
Que podamos conocer el deleite de Tu presencia,
Nuestro deleite es habitar contigo.
Adorarte es un deleite.
(abril 22, 2017)

ROMPE EL SILENCIO

Una de las cosas que suceden durante una temporada de opresión es que el enemigo desea que tu adoración se detenga y no puedas regocijarte y adorar. La opresión invade con silencio y lejanía.

En el momento en que la temporada de silencio se rompió en la vida de Zacarías, él *"...habló bendiciendo a Dios"* (Lucas 1:64, Peshitta). Jesús desea que le adoremos en el desierto y pongamos todo nuestro enfoque en Él. La opresión nos impide pasar tiempo con Él, escuchar Su voz y conocer el corazón del Padre celestial.

Debemos luchar por escuchar la voz de Dios continuamente. Debemos luchar por buscar Su voz. ¿Te imaginas una nación sin la voz de Dios? Es aterrante pensar en esta realidad. Por lo tanto, debemos luchar por la mayor expresión profética, que es la adoración, ya que es un sistema de comunicación celestial.

Cuando hablamos de adoración, realmente nos estamos refiriendo a las profecías de Jesús… a Sus pensamientos, Sus anhelos y a Su corazón. Lo que comienza a suceder es que nos involucramos intencionalmente en los pensamientos, sentimientos, emociones y deseos profundos de Su corazón. Y hacer esto es maravilloso para Jesús y vital para una nación.

La adoración es conectar con lo más profundo de Su corazón, y ése es nuestro mayor anhelo como nación. La adoración es un lugar de habitación. La adoración es una expresión profética de un sistema celestial de comunicación.

EL DESIERTO ES UN LUGAR TEMPORARIO

Creo que nos han vendido la idea de que sólo seremos escuchados en lugares amplios, y de preferencia ante los ojos de los hombres. Pero Jesús desea que levantemos todas nuestras voces en adoración a Él en el lugar donde estemos. El desierto es sólo un lugar temporario y de encuentro con Dios, pero jamás será tan valioso y verdadero como el lugar de habitación de Jesús donde Su lenguaje es la adoración.

Se trata de adorar en lo secreto, el lugar de Su habitación, y ver el cumplimiento de cada una de Sus promesas derramadas en una nación.

Jesús siempre nos invita al lugar secreto de adoración para crear un enlace de corazón a corazón. Este enlace es a través de este sistema de comunicación, la adoración, en la cual podemos experimentar revelaciones, sonidos, conocimiento, ternura, amor, cercanía e intimidad con Jesús.

DEPENDEMOS DEL ESPÍRITU SANTO

El Espíritu Santo desea transformar esta atmósfera de opresión en una de libertad y adoración a Dios. El Espíritu Santo ama manifestarse en la adoración.

El Espíritu Santo es quien crea la atmósfera de adoración aquí en la tierra para que nosotros podamos disfrutar de ella. La opresión aflige las almas, afecta negativamente a una nación, intenta cambiar la ruta, historia y futuro de familias. Por eso es tan valiosa la visita del Espíritu Santo en nuestra generación, porque Él es el único que tiene el poder de interrumpir toda pausa y poner todo a funcionar según el diseño de Dios. Una nación en opresión necesita depender de la visita del Espíritu Santo.

Es impresionante la participación del Espíritu Santo cada vez que adoramos. Es impresionante todo lo que sentimos cada vez que adoramos a través del Espíritu Santo, quien traduce y facilita cada Palabra de cada mensaje que nos es dado por Jesús a través de la adoración.

El Espíritu Santo conecta con nuestro idioma, con nuestras emociones, con todo sufrimiento y necesidad, con nuestra cultura, trayendo un mensaje claro con un entendimiento profundo de libertad para nuestra nación.

Él es el único que puede derramar mensajes del Padre a nosotros y hacernos captar cada pieza del mensaje de libertad, para que entonces nosotros podamos comunicarlo a nuestra nación, para ser así esas voces de libertad y esperanza que tanto necesita nuestra nación. Voces de libertad que estén anunciando planes de bien y no de mal, que confiesen libertad, que cuenten las maravillas de sanidad, que griten en alto del amor de Jesús y que expresen la mayor esperanza a todos.

La única manera de conectar con lo celestial y escuchar la voz de Dios es a través de la adoración y la dependencia del Espíritu Santo. Agradezco y valoro muchísimo la intervención del Espíritu Santo en nuestras vidas y sobre todo en cada paso hacia la verdadera libertad de toda opresión para una nación.

Amado Dios, gracias por las fuerzas
que nos das para permanecer.
Todos los días puedo experimentar
Tus fuerzas...

Fuerzas nuevas que provienen de Ti,
provienen de Tu Santo Espíritu.
Gracias por las fuerzas para caminar,
vivir y pensar en Tu libertad.
Es hermoso poder valorar Tu obra, amado Jesucristo.
Hoy deseo expresar mi gratitud por la obra
de Tu corazón, que nos ha hecho libres para disfrutar
a plenitud de la misma libertad que nos das.
Una libertad muy grande nos has dado,
una libertad que merece ser
estimada y cuidada con integridad de pensamientos.
Ruego por la pureza y santidad Tuyas para caminar
en el don de la libertad.
Una libertad que permanece hasta lo último.
Ruego que arranques todo fruto de esclavitud,
todo lo que corrompe y
contamina a nuestra nación… todo lo que impide
la belleza de la pureza de Tu santidad.
Jesús, que nuestro enfoque esté solamente en Ti,
Tú Eres el cumplimiento y manifestación de la libertad.
(mayo 19, 2017)

CAPÍTULO 8

Cánticos nuevos en Su habitación

Derrámate una vez más,
yo anhelo nuestra amistad.
Derrámate una vez más.
Espíritu Santo de Dios deseo crecer,
mi buen Señor.
Espíritu Santo de Dios llena esta habitación.
Derrama de Tu gloria aquí.
Derrama de Tu gloria una vez más,
la quiero aquí.
Espíritu Santo, ven.
Te quiero conocer.
Te quiero ver y conocer,
te quiero ver y perseguir,
te quiero ver y verte a Ti.
Te quiero ver solo a Ti.
Quiero escucharte, Jesús.
Ven aquí, amado Salvador
y fiel Consolador,
Ven aquí.
Ven y visita una vez más.
(enero 31, 2017)

Tú eres Santo, Aquí estamos.
Tú eres digno, Señor eres hermoso, Jesús.
Ven aquí, Espíritu Santo
yo quiero conocerte,
yo quiero estar contigo.
Queremos ver Tu gloria,
que Tu gloria descienda aquí.
Yo quiero ver de Tu gloria,
yo quiero más, ven aquí, Señor Jesús.
Ven aquí, mi amado,
espero que encuentres mirra aquí.
Derrama Tu gloria.
yo sé que estas aquí,
derrámala, derrámala una vez más.
Que descienda Tu gloria,
queremos más.
Yo danzo contigo, canto contigo,
bailo contigo.
Tú estás sobre el altar.
Yo danzo con Él, yo danzo con Él,
Tú eres digno de adorar,
por siempre paz.
Tú eres digno, siempre digno.
Tú eres digno eternamente
y para siempre.
(febrero 4, 2017)

Que nuestros deseos y corazones estén puestos en Ti.
Tú eres nuestro mayor deseo.
Eres nuestro enfoque eterno.
Prepáranos para la imagen de Tu gloria.
El escenario de Tu gloria y hermosura, esperamos.
Eres hermoso por siempre.
Que nuestros corazones estén centrados en Ti.
Esto es una obra que solo puedes hacer Tú en nosotros.
Amo buscarte por siempre
y habitar en Tu casa todos los días.
Buscarte trae placer a mi corazón.
Que la pasión y el amor por Tu casa
incrementen día a día en mí.
Hay un secreto enorme en percibir Tu dulzura.
Se trata de perseguir Tu corazón y contemplar
Tu hermosura.
(marzo 14, 2017)

Eres admirable,
siempre consejero, y yo aquí
admirando todo lo que haces.
(marzo 21, 2017)

Jesús amado, entra a la habitación
con la ternura de Tu adoración.
Entra con Tus cánticos que salen del corazón del Padre.
Tú eres mi mayor porción, eres todo...
absolutamente todo.
Lléname de Tu esencia, quiero de Tu fragancia.
Necesito de Tu "mirra y nardo."
(Cantares 5:13, Peshitta)
De la hermosura del "crisolito" que encierras
en Tus manos. (Cantares 5:14, Peshitta)
Llena el armario con Tus vestiduras.
Eres mi hermosa "estrella de la mañana," Jesús.
(Apocalipsis 2:28, Peshitta)
Por siempre brillas.
Tú triunfas sobre toda oscuridad.
Tu luz brilla por siempre.
No hay temor, se disipa todo temor
ante el esplendor de Tu belleza.
Sólo Tu brillo llena la casa.
Tu amor es perfecto en toda la magnitud
de la definición.
Tu amor no tiene temor, nunca temes amarnos.

Llevas nuestros corazones a un lugar
amplio de libertad.
Es que todo lo que te rodea está lleno
de Tu libertad y amor.
Tú tienes la libertad que mi alma necesita.
Tú tienes todo lo que necesito.
Hermoso Jesús, mi amado Jesús,
visítame con Tu amor perfecto,
tan amplio y tan libre.
(marzo 29, 2017)

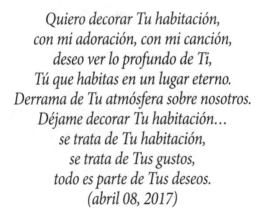

Quiero decorar Tu habitación,
con mi adoración, con mi canción,
deseo ver lo profundo de Ti,
Tú que habitas en un lugar eterno.
Derrama de Tu atmósfera sobre nosotros.
Déjame decorar Tu habitación...
se trata de Tu habitación,
se trata de Tus gustos,
todo es parte de Tus deseos.
(abril 08, 2017)

Cantaré de la hermosura de Tu compañía,
del camino de Tu santidad, de Tu naturaleza.
Todo clama a Ti, todo espera en Ti,
oh, buen Pastor. Siempre nos sanas,
esperamos en Tus palabras y en Tu habitación.
(abril 10, 2017)

Espero de gloria, Infinita gloria,
querido amigo, Dios de victoria.
Jesús, Tú quien permaneces conmigo.
Yo aquí estoy admirando Tu gloria,
admirando la perfección de Tus obras y pensamientos.
Lugar amplio es Tu gloria.
Lugar amplio en gloria es Tu casa de libertad.
Habitas conmigo con un cántico de victoria,
es Tu cántico, estás rodeado de gloria.
(abril 13, 2017)

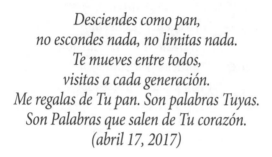

Desciendes como pan,
no escondes nada, no limitas nada.
Te mueves entre todos,
visitas a cada generación.
Me regalas de Tu pan. Son palabras Tuyas.
Son Palabras que salen de Tu corazón.
(abril 17, 2017)

Colocas cada deseo en nosotros,
con pureza haces florecer cada uno de ellos.
Llenas nuestro camino de buenos deseos,
nos enseñas la pureza de lo celestial.
Con tiernos deseos haces que todo florezca.
Deseas plenitud en cada deseo.
Que cada deseo se expanda a Su máxima expresión.
Que podamos expresar cada uno de Tus deseos.
(abril 18, 2017)

Deseo ver la belleza de Tus pensamientos,
Padre amado.
Tu silencio es hermoso.
La pureza de Tu habitación.
Padre, que anhelas y meditas en cada detalle
y con paciencia nos esperas.
Medita y te acercas en cada una de nuestras
alegrías y tristezas.
Tus intenciones son de cercanía.
(abril 19, 2017)

Ven y visítame hoy,
ven y visítame con Tu amor.
Ven y visita mi corazón,
Amado Dios, Consolador.
Tú que nunca dejas de visitarnos.
Tú que nunca dejas de abrazarnos.
Tú que abrazas todo mi interior,
Tú que alteras Tu agenda para visitarme,
para hacerme sonreír.
Tú visitas con una canción.
Con Tu tierno amor.
Me sentaré una eternidad a esperarte.
(abril 20, 2017)

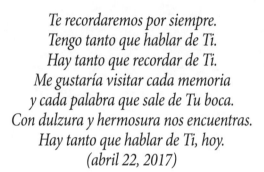

Te recordaremos por siempre.
Tengo tanto que hablar de Ti.
Hay tanto que recordar de Ti.
Me gustaría visitar cada memoria
y cada palabra que sale de Tu boca.
Con dulzura y hermosura nos encuentras.
Hay tanto que hablar de Ti, hoy.
(abril 22, 2017)

Te sientas y con tanto amor planificas todo.
Yo aquí estoy admirando cada pieza de tu plan.
Silenciosamente y vibrantemente conmueves,
nuestros corazones hacia los sueños del Padre celestial.
Son sueños dulces, sueños de santidad…
diseñados por Dios.
Tienen plasmados el diseño de amor.
Conmueve nuestros corazones, hoy,
hacia Tu belleza y santidad.
(abril 24, 2017)

Alto y sublime,
Dios eres verdadero.
(abril 26, 2017)

Levantaremos cánticos de alegría,
solo a Ti, mi Jesús.
Levantaremos cánticos con hermosura,
solo a Ti, mi buen Jesús.
(abril 26, 2017)

Jesús, Tú que te sientas
en lo ordinario de nuestra vida para
alcanzar un encuentro.
Impartir de Tu amor.
nos impartes de Tu belleza.
Ven y conecta con nosotros hoy una vez más.
La adoración es parte de Tu belleza,
es Tu lenguaje.
(abril 27, 2017)

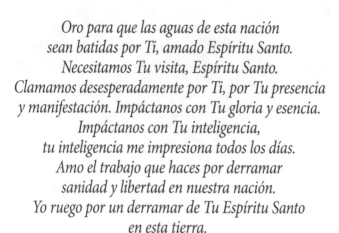

Oro para que las aguas de esta nación
sean batidas por Ti, amado Espíritu Santo.
Necesitamos Tu visita, Espíritu Santo.
Clamamos desesperadamente por Ti, por Tu presencia
y manifestación. Impáctanos con Tu gloria y esencia.
Impáctanos con Tu inteligencia,
tu inteligencia me impresiona todos los días.
Amo el trabajo que haces por derramar
sanidad y libertad en nuestra nación.
Yo ruego por un derramar de Tu Espíritu Santo
en esta tierra.
En el precioso nombre de Jesús.
(abril 29, 2017)

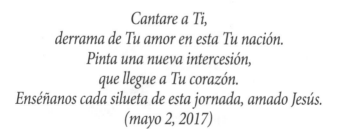

Cantare a Ti,
derrama de Tu amor en esta Tu nación.
Pinta una nueva intercesión,
que llegue a Tu corazón.
Enséñanos cada silueta de esta jornada, amado Jesús.
(mayo 2, 2017)

Amo cada conversación, cada detalle
de Tu corazón, amado Jesús.
Amo la manera que gimes por una nación, yo deseo
gemir y clamar ante Tu presencia por Ti y para Ti.
Sé que hay un secreto muy hermoso
en esta cercanía contigo.
Pido conocer Tu corazón, estoy dispuesta
a buscar Tu corazón.
Deseo perseguirte, Jesús.
Sé qué lloras con nosotros y disfrutas cada belleza,
lágrima, intercesión, plegaria,
ruego que derramamos ante Ti.
Tengo la plena confianza de que me escuchas.
Sé que escuchas y amas cada clamor de nosotros.
Hoy deseo que sepas que amo cada conversación
que tenemos, cada detalle de Tu corazón...
amo nuestra relación.
(mayo 2, 2017)

Amo tu corazón,
amo cada pieza de Tu corazón,
amo nuestra relación,
amo cada pieza de Tu corazón.
(mayo 2, 2017)

Veo restauración sobre esta tierra,
oro restauración sobre Tu casa de adoración.
Veo Tu Restauración.
Veo Tu voluntad y amor.
Veo Tu restauración y
veo Tu protección.
(mayo 5, 2017)

Enciendes cada antorcha,
esperas cada momento.
En el silencio,
en cada conversación.
Enciendes cada antorcha
y esperas cada momento.
(mayo 5, 2017)

Que encuentres nardo fresco en nuestra casa,
que estemos preparados para recibirte,
oh amado Jesús.
El anhelo más grande de nuestro corazón
es sentarnos a Tus pies.
Anhelamos escondernos debajo de Tus piernas,
y eternamente disfrutar de Tu paternidad,
amado Padre.
(mayo 5, 2017)

Gloriosa y magnífica es la belleza de Tus sonidos,
en todo lo que escuchas.
Llévanos a lo profundo del cuarto de Tus sonidos,
déjanos disfrutar y repetir los sonidos de Tu corazón.
Glorioso y Magnífico es el sonido de Tu corazón.
(mayo 7, 2017)

Subiré al monte,
con la expectativa de verte.
De lanzarme a Tus pies y rendirme.
Con Tus fuerzas correré,
a postrarme a Tus pies.
Todo en silencio,
es el sonido de rendimiento,
es el mismo silencio que tiene un sonido de libertad.
(mayo 8, 2017)

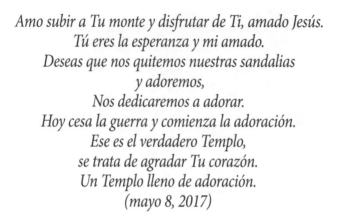

Amo subir a Tu monte y disfrutar de Ti, amado Jesús.
Tú eres la esperanza y mi amado.
Deseas que nos quitemos nuestras sandalias
y adoremos,
Nos dedicaremos a adorar.
Hoy cesa la guerra y comienza la adoración.
Ese es el verdadero Templo,
se trata de agradar Tu corazón.
Un Templo lleno de adoración.
(mayo 8, 2017)

Huellas de santidad y pureza,
huellas dignas de seguir.
Siluetas de alegrías y libertad,
me rodeas y trazas el camino,
con huellas de libertad.
Corres con la libertad
que todos anhelamos.
Todo es digno de Ti, todo es para Ti.
(mayo 19, 2017)

Jesús, eres la imagen de libertad,
estás cubierto de santidad.
Vestiduras rodean cada curiosidad,
calmando mi alma,
calmando cada curiosidad.
(mayo 23, 2017)

Jesús, Tú eres nuestra esperanza,
nuestra hermosa esperanza y amo
perseguirte y guardarte
a Ti en mi mente,
y en mi corazón.
Tu sangre nos permite estar cerca de Ti.
Tu sangre nos permite disfrutar de Ti
a la máxima plenitud.
Tu sangre rompió toda lejanía,
rompió toda distancia
y toda frialdad entre nosotros.
(mayo 23, 2017)

Escribo estas líneas aquí en la tierra,
muchas veces ignorando que constantemente,
estas atesorando cada pedazo de estos escritos.
Mi amado lector, Jesús.
Tu corazón lee aun lo que hay
entre medio de cada línea…
y entre medio de mi corazón.
En mi lucha interior para lograr adorar
y orar sabiendo que no te estoy viendo.
(mayo 27, 2017)

Hoy nos volvemos a Ti, Jesús.
Volvemos a Tus brazos de amor.
Nos esperas con tanto amor.
Eres el placer de nuestro corazón,
nuestro mayor deleite.
Gracias por sanar nuestro extravío.
Gracias por acercarnos a Ti con tanto amor.
Eres Dios quien siempre estás presente.
Rodéanos de Tu amor.
(mayo 28, 2017)

Creas un lugar de habitación en nuestro corazón.
Eres hermoso en todo y en cada ruego.
Derrama de Tu amor y ruegos, Espíritu Santo.
(junio 1, 2017)

Jesús Amado, tu nobleza nos recupera,
tu nobleza lo transforma todo.
(julio 5, 2017)

CAPÍTULO 9

Sello & Comienzo

Hablemos de nuestro sello. Tú y yo estamos sellados por el Espíritu Santo. Es hermoso conocer el corazón de Dios para cada nación. Su corazón es hermoso en todo y está inclinado al clamor y al sufrimiento de cada nación. Él tiene tantos deseos para cada nación, incluyendo los deseos de impartir sanidad, restauración y libertad para todos.

Uno de los lugares más preciados donde podemos conocer los deseos de Su corazón es en medio de la oración, son esas conversaciones en privado que tenemos con Él que nos permiten conocerlo profundamente. También cada vez que leemos Su Palabra se enciende una pasión por Sus deseos y corazón.

He notado que en la oración, o a medida que pasamos tiempo con Él, Jesús sensibiliza nuestro corazón e imparte compasión y amor hacia cada nación. Es realmente increíble experimentar esta etapa de conocer a Jesús. Personalmente creo que es una de las mejores etapas que he experimentado.

EL SELLO APOSTÓLICO DEL PADRE

Todos los apóstoles, incluyendo al Apóstol por excelencia, nuestro amado Jesús, invirtieron muchísimo tiempo en conocer el corazón del Padre celestial, y a través de esto, ellos desarrollaron un amor para el lugar que estaban llamados a emprender los sueños de Dios y hacer real el cielo aquí en la tierra.

Me llama la atención la manera en que nuestro amado Padre celestial establece el milagro que marca la historia de todos nosotros. El milagro de colocar a Jesús en el vientre de una mujer es el sello del apostolado del Padre celestial.

La atmósfera en que Dios desea que operemos es la de milagros y prodigios, esta mentalidad proviene del Padre celestial, del mismo corazón del Padre. Es la mentalidad de un apóstol, uno que deja rastros de milagros y prodigios en una nación.

JESÚS MARCA SU ENTRADA

Nuestro amado Jesús entra a las bodas de Caná y hace Su primer milagro cambiando la consistencia del agua al vino. Jesús marca Su entrada con un milagro y marca a una generación con el reino de los cielos. Todo apóstol marca su entrada y salida con milagros y prodigios.

Jesús desea que tú y yo podamos marcar nuestra generación con un legado celestial de milagros y prodigios. Esta es la herencia más valiosa que podamos dejar a una generación. Tarde o temprano la próxima generación invocará el nombre de Dios y necesitará un rompimiento de parte de Dios para que se manifiesten milagros y prodigios.

CORRIENDO DETRÁS DE JESÚS

Tú y yo somos llamados a pararnos con Jesús enfrente de nuestra nación. Dios desea que en lo privado seamos líderes que lloremos ante Su presencia, y que en lo público podamos obrar milagros y prodigios.

Cada vez que salimos al frente por nuestra nación, realmente lo que ocurre es que estamos saliendo detrás de Jesús. Es un placer correr detrás de Jesús mientras conservamos la pureza e integridad de nuestra fe en Él. Una fe tan pura para creer con toda certeza en Sus milagros y prodigios para una nación.

Jesús aprecia tanto tu corazón y cada uno de tus esfuerzos. Jesús valora cada vez que creemos en Él y en Su compasión para poder desatar Su gloria en una nación. Jesús nunca nos dejará en vergüenza. Correr detrás de Jesús es el mejor tesoro de una nación. Cuando comenzamos a correr detrás de Jesús y de Su agenda, dejamos de correr detrás de la desesperación que una opresión ofrece.

JESÚS NOS NECESITA

En cada uno de nosotros Jesús ha colocado una nación, o naciones. Y esos deseos provienen directamente del corazón de Jesús. El Espíritu Santo hace posible el desarrollo de cada deseo de Jesús sobre dicha nación.

Dios usa nuestras manos, finanzas, talentos, dones, inteligencia, sabiduría, e influencia para poder impactar una nación con el poder de Dios. Es sólo con Su ayuda y sólo a través de Él que podemos lograr cada deseo de Dios. ¿Qué nación Dios ha puesto en tu corazón? Hay una velocidad impresionante del corazón de Jesús en cada nación y Él necesita nuestras manos, finanzas, talentos, dones, inteligencia, sabiduría, e influencia para poder impactarla.

Admiro muchísimo cómo mi hermano Daniel junto a su esposa Shari llevan en el corazón a India, y sus esfuerzos por terminar el tráfico humano. Dios ha puesto el amor y compasión en sus corazones por India y están siendo obedientes a ese deseo de Jesús.

Mi hermana Zuleima lleva en su corazón a Israel y actualmente vive en Jerusalén impactando la Tierra Santa con su vida y entrega a Dios. Mis Padres apoyan a varias naciones incluyendo Puerto Rico, Venezuela, Israel, Rusia, Estados Unidos y España.

En estos últimos tiempos Dios ha puesto en mi corazón a Rusia, Venezuela y a Siria. Jesús llora por estas naciones, a Él le duele ver todo lo que está pasando en ellas.

Muchas veces oramos a Dios pidiéndole ver las cosas que Él ve… pero si realmente nos expusiéramos a lo que Él ve, no creo que lo aguantaríamos. Sin embargo, cuando pedimos Su corazón, Él nos fortalece para ver lo que Él ve y busquemos obrar con Su corazón.

Cuando esto sucede, es un despertar que logrará que movamos todos nuestros recursos y energía para correr en pos de naciones. Es hermoso realmente abrazar a naciones y sentir el corazón de Jesús hacia ellas, amarlas como Él lo hace. Es impresionante cuando podemos amar a una nación como Él lo hace. Jesús está abrazando a naciones.

Somos mensajeros de Su amor.
Se trata de Su corazón.
Se trata de lo que Sus ojos ven…
Se trata de lo que Él está llorando.

CAPÍTULO 10

Venezuela estas palabras son para Ti

Tuve un sueño de Dios durante la noche, que fue bastante revelador, y rápidamente supe que procedía de parte de Dios. En el sueño había una bebé como de ocho meses, muy hermosa y se veía saludable. Me la entregaron en las manos y tuve que salir con ella corriendo, mientras la sostenía en los brazos.

Había una persona al lado mío que me decía "no la puedes soltar" y yo decía 'pero no es mi bebé'. De repente nos detuvimos y había enfrente de nosotros una señora que se veía muy desnutrida y comenzó a decirme estas palabras "qué bueno que pudiste escapar a tiempo, ahora tú debes correr."

Mientras ella hablaba me acerqué y me di cuenta que había perdido su vista en el lado izquierdo, y me dio muchísima compasión. Yo comencé a rogarle perdón por todo lo que había sufrido y todo lo que había pasado. Y ella me contestó "está bien, ahora tú corre."

Cuando desperté le pedí al Espíritu Santo que me mostrara el significado de este sueño. Dios me lo mostró y dijo que la señora mayor representaba el sufrimiento de los pastores en Venezuela, y que la bebé que tenía en las manos era Venezuela.

Aun continúo meditando en este sueño, sin embargo, sigo creyendo firmemente en la responsabilidad espiritual que llevamos en nuestros lomos de interceder diariamente y provocar Su gloria en cada nación, incluyendo a Venezuela.

He aprendido que lo más valioso que alguien puede regalar a una nación es la oración. La oración es el mejor regalo. Por varios días he estado proclamando estas palabras de Dios para mi amada Venezuela.

Decidí plasmarlas aquí, algunas con su fecha, muchas fueron hechas en las noches en mi casa, otras en el altar y otras en casa de mis padres. Durante casi todos estos días proclamé Mateo 6:10 junto a porciones específicas. Sé que cada una de estas oraciones no son en vano, y que Jesús las tiene grabadas en Su corazón por la eternidad.

Te invito a usar estas oraciones para tu tiempo personal o congregacional cuando intercedas por tu nación.

Amado Dios, proclamo que "...Yahveh, escucha mi oración y mi súplica; presta atención a mis lágrimas y no guardes silencio, porque forastero soy junto a ti, y peregrino como todos mis padres."
(Salmos 39:12, Peshitta)
(marzo 1, 2017)

Hoy oro para que toda lepra sea quitada de Venezuela: "y en ese instante la lepra lo abandonó y quedó limpio." (Marcos 1:42, Peshitta). Oro que Venezuela ofrezca una ofrenda santa a Jehová. Declaro la manifestación del Espíritu San-

to. Declaro un rompimiento de Dios. Declaro sanidad para Venezuela. Declaro Tu Gobierno en Venezuela.
Profetizo Marcos 1:40-45.
(marzo 6, 2017, 11pm)

Señor Amado, declaro que Venezuela levanta incienso en santidad como dice Tu Palabra en Éxodo 30:37 "El incienso que van a preparar, no lo harán de composición similar. Te será santo para Yahveh."
(Éxodo 30:37, Peshitta)
(marzo 7, 2017, 5pm)

Padre Amado, te ruego que Venezuela reciba un "nuevo nacimiento" como lo establece Tu Palabra (Juan 3:3, Peshitta). Proclamo Tu Palabra en Lucas 19:41-44.
(marzo 8, 2017, 12am)

Señor Amado, profetizo que Venezuela abre las puertas de su corazón para Ti y se rinde a Tus pies. Declaro humildad para cada corazón. Proclamo Juan 13:12-20.
(marzo 9, 2017, 5pm)

Declaro pasión por Jesús en Venezuela. Profetizo que todos se enamoran de Jesús, se enamoran de Tu nombre, amado Jesús. Profetizo Cantares 1:1-3.
(marzo 10, 2017)

Dios amado, profetizo que Venezuela recibe Tu paternidad. Te ruego que despiertes profetas que hablen de Tu verdad y transmitan Tu paternidad. Te ruego que

quebrantes todo hombre fuerte de suicidio que se ha levantado en contra de pastores y en contra de toda la población, en el nombre de Jesús. Señor, levanta una generación que clame a Ti día y noche. Derrama de Tu consuelo para Venezuela. Profetizo la Palabra que dice: "para que haga volver el corazón de los padres a los hijos y el corazón de los hijos a los padres, antes de que venga y azote la Tierra para devastación"
(Malaquías 4:6, Peshitta)
(marzo 11, 2017)

Amado Jesús, declaro que todo Venezuela será conocida por el sonido de cánticos nuevos para Ti. Son cánticos que enamoran y agradan a Tu corazón. Proclamo Salmos 103.
(marzo 13, 2017, 1pm)

Señor Jesús, oro por Tu voluntad para Venezuela. Oro por un rompimiento de gloria. Profetizo un avivamiento permanente, nuevos frutos, y un despertar de Tu Espíritu Santo. Proclamo que todos responden a Ti. "Porque el Dios que dijo que en las tinieblas resplandeciese la luz, ha resplandecido en nuestros corazones para que seamos iluminados con el conocimiento de la gloria de Dios en la presencia de Jesucristo."
(2 Corintios 4:6, Peshitta)
(marzo 14, 2017)

Padre amado, declaro que Venezuela es libre de toda opresión en el nombre de Jesús. "Porque con alegría saldrán, y en paz andarán; los montes y las colinas pro-

rrumpirán en cántico ante ustedes; el esplendor de todos los arboles del campo aplaudirá. En lugar de la zarza crecerá el ciprés, y en lugar del espino el mirto; esto será para paz de Yahveh, por señal eterna que no terminará"
(Isaías 55:12-13, Peshitta)
(marzo 15, 2017, 1am)

Amado Dios, hoy declaro una vez más un rompimiento y libertad de toda opresión, en el nombre de Jesús. Profetizo que cada vía que Venezuela recorre es guiada por Ti y que nunca se perderán o confundirán. "Estén atentos a la instrucción y sean sabios, y no se desviarán."
(Proverbios 8:33, Peshitta)
(marzo 17, 2017)

Señor Jesús, declaro que Venezuela te honra en cada generación. Hoy hay un rompimiento de libertad sobre cada generación. "SU MISERICORDIA ES POR EDADES Y GENERACIONES SOBRE LOS QUE LO REVERENCIAN"
(Lucas 1:50, Peshitta)
(marzo 18, 2017)

Jesús amado, te ruego que llenes a Venezuela de Tu esencia e inteligencia. Oro que todos abracen Tus pensamientos y deseos. Oro que todos obedezcan Tus mandamientos. "Y cuantos lo escuchaban, se sorprendían de su sabiduría y de sus respuestas."
(Lucas 2:47, Peshitta)
(marzo 19, 2017, 2pm)

Señor Jesús, proclamo que el incienso de adoración que

se levanta en Venezuela es solo para ti. Tu eres el único Dios de Venezuela. El único digno de recibir toda adoración por siempre, nuestro Rey, amado Jesús. Proclamo restauración en todo, aun en la intercesión y adoración. Proclamo "A YAHVEH TU DIOS ADORARÁS, Y SOLAMENTE A ÉL SERVIRÁS"
(Lucas 4:8, Peshitta)

Profetizo que "EL ESPÍRITU DE YAHVEH ESTÁ SOBRE MÍ. POR ESO ME HA UNGIDO PARA ANUNCIAR BUENAS NUEVAS A LOS POBRES, Y ME HA ENVIADO PARA RESTAURAR A LOS QUEBRANTADOS DE CORAZÓN."
(Lucas 4:18, Peshitta)
(marzo 20, 2017, 6pm)

Dios Amado, proclamo para Venezuela que "El Espíritu de Yahveh está sobre mí. Por eso me ha ungido para anunciar buenas nuevas a los pobres, y me ha enviado para restaurar a los quebrantados de corazón."
(Lucas 4:18, Peshitta)
(marzo 21, 2017, 12pm)

Dios hoy yo declaro esta Palabra para Venezuela "Así dijo Jehová: En tiempo favorable te oí, y en el día de salvación te ayudé; y te guardaré, y te daré por pacto al pueblo, para que restaures la tierra, para que heredes asoladas heredades."
(Isaías 49:8)
(marzo 22, 2017)

Señor amado, profetizo que Venezuela comienza a cimentar sobre lo estable y eterno. "Es semejante a un hombre que al construir una casa, cavó profundo y echó los cimientos sobre una roca, y al llegar una inundación, golpeó violentamente contra aquella casa, pero no la pudo mover, porque sus cimientos habían sido echados sobre la roca."
(Lucas 6:48, Peshitta)
(marzo 23, 2017, 9am)

Señor Amado, te ruego que Venezuela conozca Tu dulzura. Profetizo que Venezuela es impactada por la belleza de Jesús. Proclamo Cantares 2:3-6.
(marzo 24, 2017, 8am)

Señor Jesús, te pido protección para la salud mental de cada persona en Venezuela. Pon Tu mirada en aquellos que no tienen medicamentos. Te ruego que tengas misericordia y escuches el clamor de mi nación. "Venga tu reino. Hágase tu voluntad, como en el cielo, así también en la tierra."
(Mateo 6:10)
(marzo 25, 2017, 9am)

Amado Jesús, oro por un rompimiento de gloria para Venezuela. Profetizo que Venezuela es libre de toda ansiedad y de toda opresión en el nombre de Jesús. Profetizo la visita de Jesús en Venezuela. "Respondiendo Jesús, le dijo: Marta, Marta, afanada y turbada estás con muchas cosas."
(Lucas 10:41)
(marzo 27, 2017, 9am)

Amado Dios, hoy declaro la libertad completa para Venezuela. "Porque el Señor mismo es el Espíritu, y donde está el Espíritu del Señor, hay libertad."
(2 Corintios 3:17, Peshitta)
(marzo 28, 2017, 10am)

Profetizo Tu paz en Venezuela. Padre amado, concédeles paz a todos. Que cada persona pueda vivir en paz. "…Y daré paz en este lugar –declara Yahveh de los ejércitos."
(Hageo 2:9, Peshitta)
(marzo 29, 2017, 1am)

Amado Jesús, me uno a Tu agenda que tienes para Venezuela. Proclamo un rompimiento que traiga libertad a Venezuela. Venezuela te encuentra, Jesús. Ellos se apasionan por Ti, se apasionan por Tus maravillas. Tú obras cosas nuevas en Venezuela. Tus obras y maravillas son perfectas. "Y todos los que lo escucharon se maravillaron de las cosas que les hablaban los pastores."
(Lucas 2:18, Peshitta)
(marzo 30, 2017, 3pm)

Venezuela hoy recibe un rompimiento de gloria. Hoy recibe la justicia y libertad de Jesucristo. Jesucristo, hoy Venezuela se despierta contigo en justicia. Profetizo la Palabra de Dios que dice: "Yo lo desperté en justicia, y enderezaré todos sus caminos; el edificará mi ciudad, y soltará mis cautivos, no por precio ni por dones, dice Jehová de los ejércitos."
(Isaías 45:13)
(marzo 31, 2017)

Señor Amado, te ruego que Venezuela se levante con un reino de justicia, Tu reino es de justicia. Oro a Ti "Oh Yahveh, escucha mi oración y mi suplica; presta atención a mis lágrimas y no guardes silencio, porque forastero soy junto a ti, y peregrino como todos mis padres." (Salmos 39:12, Peshitta) (abril 1, 2017)

Señor Jesús, hoy las noticias buenas de Tu Palabra corren por todo el país. Hoy declaro fuerzas nuevas para todos, fuerzas para llevar Tu Palabra. Profetizo que "...el reino de Dios es anunciado, y todos se esfuerzan por entrar en él." (Lucas 16:16) (abril 2, 2017)

Señor Amado, hoy Tú derramas de Tu gloria y respuestas en Venezuela. Profetizo Daniel 9. (abril 4, 2017, 3pm)

Señor, te ruego que toda Venezuela se convierta en una casa de oración. Que puedan regresar a la oración. Se restaura la adoración e intercesión en el nombre de Jesús. Profetizo Tu Palabra que dice: "diciéndoles: Escrito está: Mi casa es casa de oración; mas vosotros la habéis hecho cueva de ladrones." (Lucas 19:46) (abril 5, 2017)

Dios mío, Tu reino desciende sobre Venezuela. En el nombre de Jesús se acaba toda opresión. Esta opresión

tiene una fecha de expiración. Dios, Tú fortaleces el llamado de cada persona en Venezuela para que prediquen Tu Palabra. Oro hoy Marcos 6:12 "Y ellos, saliendo, predicaban que se arrepintieran."
(Marcos 6:12, Peshitta)
(abril 6, 2017, 11pm)

Señor, hoy declaro que Tú eres la habitación de Venezuela. Hoy se quebranta toda idolatría en el nombre de Jesús. Proclamo Salmos 91.
(abril 7, 2017)

En el nombre de Jesús se rompe toda opresión. Amo Tu nombre y autoridad sobre cada nación. Venezuela confía en Ti y Tú eres Su libertador. "Refugio mío y mi libertador, el Dios fuerte en quien confío..."
(Salmos 18:2, Peshitta)
(abril 8, 2017, 3pm)

Declaro libertad de toda opresión para Venezuela. Oro con la Palabra de Isaías 65:21 "Construirán casas y las habitarán; plantarán viñedos y comerán su fruto."
(Isaías 65:21, Peshitta)
(abril 9, 2017, 1am)

Dios mío, pido por Tu libertad en Venezuela. Ruego para que toda opresión se rompa en el nombre de Jesús. Proclamo que "...el Señor mismo es el Espíritu, y donde está el Espíritu del Señor, hay libertad."
(2 Corintios 3:17, Peshitta)
(abril 13, 2017, 11pm)

Dios mío, venga Tu reino con libertad y amor en Venezuela. Derrama de Tu hermosura y gloria. Que todos contemplen Tu gloria. Declaro Ezequiel 31.
(abril 15, 2017, 2pm)

Padre Amado, yo sé que escuchas y atiendes el clamor de Venezuela. Es Tu obra completa en Venezuela. Abrazo Tu Palabra para Venezuela "Los ojos de Yahveh están sobre los justos, y sus oídos atentos a ellos."
(Salmos 34:15, Peshitta)
(abril 16, 2017, 11pm)

Hoy profetizo la manifestación de Jesús en Venezuela. Profetizo un avivamiento eterno y que trae sanidad a través de Jesús. Profetizo que se levantan reyes en Venezuela para obedecer Tu Voz. Profetizo libertad de Dios quebrantando toda opresión a través de milagros y prodigios. Profetizo que Venezuela es una nación obediente. Proclamo que Venezuela busca Tu gloria. Hoy proclamo: "El que habla por cuenta propia, busca su propia gloria, pero el que busca la gloria del que lo envió, es verdadero y en su corazón no hay iniquidad."
(Juan 7:18, Peshitta)
(abril 17, 2017)

Declaro que Venezuela es llena de la esencia y gloria de Jesús. Que están llenos de la mirra y amor de Jesús. Que la presencia de Dios habita y reposa en Venezuela. Declaro que Venezuela tiene pasión por Ti, Jesús. Profetizo Cantares 5:5 "Entonces me levanté para abrirle a

mi amado, y mi mano goteó mirra; mis dedos gotearon mirra sobre la manija del cerrojo."
(Cantares 5:5, Peshitta)
(abril 18, 2017)

Hoy profetizo un rompimiento poderoso en Venezuela. Declaro sanidad, libertad y paz. Declaro que Venezuela escucha la voz de Dios. Proclamo que todos exaltan Tu nombre "¡Glorifiquen a Yahveh! ¡Glorifiquen a Yahveh! Pues Él ha librado la vida de los pobres de la mano de los malhechores."
(Jeremías 20:13, Peshitta)
(abril 19, 2017, 11pm)

Hoy profetizo que Dios destruye toda obra del enemigo. Proclamo la Palabra en Miqueas que dice: "exterminaré las hechicerías de tus manos y ya no tendrás adivinos."
(Miqueas 5:12, Peshitta)
(abril 20, 2017, 12am)

Declaro que Venezuela es gobernada por Ti, Dios. Venezuela se levanta para hacer Tu obra y despierta. Profetizo Tu Palabra que dice: "Y Yahveh despertó el espíritu de Zorobabel. Hijo de Salatiel, gobernador de Judá, y el espíritu de Jesúa, hijo de Josadac, sumo sacerdote, y el espíritu de todo el resto del pueblo, y fueron e hicieron la obra en el templo de su Dios, Yahveh de los ejércitos."
(Hageo 1:14, Peshitta)
(abril 21, 2017, 12am)

Señor Amado, hoy Tú quebrantas toda opresión en Venezuela en El nombre de Jesús. Profetizo Miqueas 7:15 "Yo les mostraré maravillas como el día en que salieron de la tierra de Egipto."
(Miqueas 7:15, Peshitta)
(abril 22, 2017, 12pm)

Señor, hoy proclamo la revelación y manifestación de Jesucristo en Venezuela. Todo esto hecho está, en Tu precioso nombre. Proclamo la Palabra que dice: "Y yo no le conocía; pero el que me envió a bautizar en agua, aquél me dijo: Sobre quien veas descender el Espíritu y que permanece sobre él, ése es el que bautiza con el Espíritu Santo."
(Juan 1:3)
(abril 24, 2017, 1am)

Declaro un rompimiento Tuyo en Venezuela. Un rompimiento de Tu poder. Te ruego que escuches el clamor de Tu pueblo y que salgas una vez más a su encuentro. Profetizo tiempos de reconstrucción como dice Tu Palabra en Isaías 51:3 "Por cuanto Yahveh edificará a Sion, la reconstruirá de todas sus ruinas y convertirá su desierto en un Edén, y hará su valle como el huerto de Yahveh, habrá saltos de júbilo y regocijo en medio de ella, acción de gracias y voz de cántico."
(Isaías 51:3, Peshitta)
(abril 25, 2017, 1am)

Hoy Dios cura a Venezuela. Declaro tiempos de rescate, tiempos de sanidad. Profetizo la Palabra en Oseas 6:1

BIENVENIDO ESPÍRITU SANTO A MI GENERACIÓN

"Entonces dirán: Convirtámonos, vayamos a Yahveh porque Él nos hirió, pero Él nos restaurará; nos quebrantó, pero Él nos vendará."
(Oseas 6:1, Peshitta)
(abril 27, 2017, 12am)

Señor Amado, profetizo que Venezuela ve Tus maravillas. Declaro tiempos nuevos. Tiempos donde ellos ven Tus maravillas manifestarse para ellos. Ruego Tus maravillas en sus calles, hogares y en cada lugar. Proclamo tiempos de cambios donde se genera un nuevo enfoque y restauración total. Proclamo que toda Venezuela se enfoca en Dios y en todo lo que Él está haciendo. Se acaba todo enfoque en la angustia y desesperación. Se quebranta y destruye toda idolatría en el nombre de Jesús. "Pero respondiéndoles Jesús, dijo: De cierto, de cierto les digo que el Hijo nada puede hacer por su cuenta, sino lo que ve hacer al Padre, porque las cosas que el Padre hace, ésas también hace el Hijo de igual modo."
(Juan 5:19, Peshitta)
(abril 29, 2017, 6pm)

Declaro un rompimiento glorioso con sanidades y paz para mi país, Venezuela. Te doy gracias y gloria a Ti por cómo te derramas en Venezuela. "Yahveh Dios me ha dado una lengua docta para que haga saber y declare la palabra a los exhaustos. Él me despertará de mañana, y de mañana hará que mis oídos escuchen la instrucción."
(Isaías 50:4, Peshitta)
(abril 30, 2017, 8am)

Señor, mis ojos verán Tu gloria en Venezuela. Veré todo florecer por Tu mano. Veré a Venezuela levantarse y escuchar Tu Voz. "Yo dormía, pero mi corazón estaba despierto. ¡La voz de mi amado que toca a la puerta!: "Ábreme hermana mía, intima mía, mi integra paloma, pues mi cabeza está empapada de roció, y mis rizos de la brisa nocturna."
(Cantares 5:2, Peshitta)
(mayo 2, 2017, 1am)

Amado Dios, hoy proclamo que Tu reino se derrama en Venezuela en contra de toda violencia y destrucción. Papito Dios, pido Tu compasión y ternura para Venezuela. Que se detenga la sangre. Proclamo Tu Palabra "Los que confían en Yahveh estarán en el monte de Sion; no serán conmovidos, sino que morarán allí eternamente."
(Salmos 125:1, Peshitta)
(mayo 3, 2017, 12am)

Dios, hoy yo declaro un rompimiento de gloria en el nombre de Jesús. Profetizo cielos abiertos en Venezuela. Oro Tu Palabra en Malaquías 4 y Miqueas 7:15.
(mayo 4, 2017, 12am)

Señor Jesús, Venezuela es libre de toda cultura de idolatría y paganismo. Es libre de toda costumbre aprendida que ofende Tu Nombre. Hoy profetizo Jeremías 10.
(mayo 5, 2017, 10pm)

Señor, yo declaro que Venezuela responde a Ti, en el

nombre de Jesús. Declaro un rompimiento glorioso. Declaro libertad de toda opresión. Se derrama Tu perdón y misericordia. Señor, proclamo Amós 4.
(mayo 7, 2017, 3pm)

Señor, proclamo que Venezuela se levanta para edificar y restaurar. Profetizo Tu Palabra que dice: "y los tuyos reconstruirán lugares desolados y restaurarás los cimientos de todas las generaciones. Y serás llamado reparador de brechas, y restaurador de sendas para morar."
(Isaías 58:12, Peshitta)
(mayo 8, 2017, 1am)

Profetizo un rompimiento de gloria. Tus profecías rompen toda opresión en Venezuela. Proclamo que se levantan hombres y mujeres a profetizar. Jesús, pido de Tu misericordia para Venezuela. Amado Jesús, ruego que todos sepan de Tus intercesiones por nosotros, "Padre, deseo que donde yo estoy también estén conmigo los que tú me has dado, para que contemplen mi gloria, la que me diste, porque me has amado desde antes de que el mundo fuera establecido."
(Juan 17:24, Peshitta)
(mayo 10, 2017, 2am)

Señor Amado, declaro en el nombre de Jesús que se levanta un rey justo en Venezuela. Tú renuevas todo y haces todo nuevo. Que Venezuela pueda ser guiada, instruida y reconstruida por Tu voz y mandamientos. Que

Venezuela pueda ser guiada por profetas que escuchan Tu voz y la obedezcan. "Y Yahveh engrandeció hasta lo sumo a Salomón a los ojos de todo Israel, y le confirió tal esplendor en el reino que ningún rey de Israel que le antecedió llegó a ser semejante."
(1 Crónicas 29:25, Peshitta)
(mayo 11, 2017, 2am)

Amado Jesús, Venezuela necesita de Tu reino de justicia y amor. Profetizo que Venezuela es totalmente restaurada. "La ley de Yahveh es perfecta, y restaura el alma; el testimonio de Yahveh es fiel, y hace sabios a los inmaduros."
(Salmos 19:7, Peshitta)
(mayo 12, 2017, 2am)

Señor, te ruego que Venezuela vea la manifestación de "milagros y prodigios, especialmente sanidades."
(Hechos 4:29-31, Peshitta)
(mayo 16, 2017, 4pm)

Señor Amado, profetizo que veré una Venezuela con la libertad del Espíritu Santo. ¡Declaro un rompimiento! Profetizo que "...Dios es uno" en Venezuela hoy y siempre.
(Gálatas 3:20, Peshitta)
(mayo 17, 2017, 4pm)

Venezuela, no me cansaré de interceder por ti. Profetizo que sobre ti se derrama el reino de Dios. Se derrama la belleza de Jesús en tus calles, sobre cada persona en

la nación. Profetizo la libertad de Dios sobre ti, amada Venezuela. Profetizo la libertad del Espíritu Santo como dice Tu Palabra: "Permanezcan, pues, firmes en la libertad con la cual el Cristo nos hizo libres, y no se sujeten otra vez al yugo de esclavitud."
(Gálatas 5:1, Peshitta)
(mayo 19, 2017, 11pm)

Amado Dios, ten misericordia de Venezuela. Ten misericordia de cada persona. Perdona todas nuestras ofensas y pecados. Rogamos de Tu perdón. "Perdona nuestras deudas, así como nosotros también perdonamos a nuestros deudores."
(Mateo 6:12, Peshitta)
(mayo 22, 2017, 10pm)

Declaro el aceleramiento de Tu voluntad en Venezuela. Declaro Tus planes y Tu reino en Venezuela. Derrama de Tus aguas. Oro Salmos 63:1 "Dios mío, tú eres mi Dios; en ti esperaré. Mi alma tiene sed de ti, y mi carne espera en ti cual tierra sedienta y árida, anhelante de agua."
(Salmos 63:1, Peshitta)
(mayo 23, 2017, 4pm)

Declaro Tu manifestación, Oh Dios, en Venezuela. Declaro Tu pureza y santidad en las palabras que salen de las bocas de cada persona. Declaro palabra de vida y bendición. Padre, que "ninguna palabra obscena salga de su boca, sino la que sea buena y útil para edificación,

para que impartan gracia a los oyentes."
(Efesios 4:29, Peshitta)
(mayo 24, 2017, 8am)

Hoy proclamo que Jesucristo es la cabeza de Venezuela. Es quien tiene el control y gobierna todo. Proclamo que "...el marido es cabeza de la esposa, tal como el Cristo es cabeza de la Iglesia, y Él es el Salvador del cuerpo."
(Efesios 5:23, Peshitta)
(mayo 25, 2017, 1am)

Señor amado, derrama de Tu paternidad en Venezuela. Amado Dios, declaro un rompimiento de gloria. Tu mano poderosa detiene toda operación demoníaca. Declaro Tu Palabra que dice: "porque éste es el primer mandamiento con promesa: HONRA A TU PADRE Y A TU MADRE, PARA QUE TE VAYA BIEN Y SE PROLONGUE TU VIDA SOBRE LA TIERRA."
(Efesios 6:2-3, Peshitta)
(mayo 27, 2017, 10pm)

Declaro un rompimiento en el nombre de Jesús. Que descienda el reino de Dios en Venezuela. Profetizo que se acaba toda opresión en el nombre de Jesús. Oramos que Venezuela se mantenga en firmeza "por tanto, hermanos míos, amados y queridos, mi gozo y mi corona, estén firmes en nuestro Señor, amados míos."
(Filipenses 4:1, Peshitta)
(mayo 30, 2017, 2pm)

Señor amado, Tú tienes el poder para mantener a Venezuela en perfecta estabilidad. Proclamo "...Pues si está de pie, para su Señor está de pie, y si case, para su Señor cae, pero él se mantendrá firme, porque su Señor con su poder puede sostenerlo firme."
(Romanos 14:4, Peshitta)
(junio 1, 2017, 1am)

CAPÍTULO 11

Protesta & Justicia

Personalmente me gusta pensar en la logística de una protesta y en el significado de la justicia. Parecen ser intangibles e irreales. Considero que la traducción que hemos hecho de ambas como humanos no ha sido la más eficiente en muchas ocasiones.

Si pintáramos el cuadro de una nación pasando alguna crisis, lo que está pasando es simple, hay unos pocos en el poder abusando y controlando los derechos y libertades de aquellos que no tienen poder y buscan justicia. En la búsqueda del poder, los pocos continúan luchando por mantenerse en una sola postura para evitar perder dinero, control e influencia, así sea negativa y destructiva para una nación.

Por el otro lado, aquellos que experimentan la opresión buscan la justicia para recuperar sus derechos y libertades. Tanto los que abusan como los que están siendo abusados pertenecen a una misma nación y llevan una sola bandera, en teoría. En práctica, están divididos y parados en una sola tierra.

EXPRESANDO MEMORIAS

Expresar memorias de injusticia nos ayuda a evaluar posibilidades alternas de protesta y búsqueda de una justicia íntegra.

Recuerdo cuando vivíamos en Caracas, Venezuela, habré tenido unos cinco años cuando mis padres tuvieron que escondernos debajo de nuestras camas por un paro de estado.

Obviamente no entendía lo que estaba pasando, lo único que sabía es que no debía salir de allí hasta que cesaran las balas libres al aire de un pueblo airado con la injusticia política que se estaba llevando a cabo en ese momento.

Poco a poco este caos quiso traer un mensaje de que era "normal" ver gente robando negocios a la vista de todos, dueños de negocios en las calles cometiendo suicidio porque lo habían perdido todo, carros quemándose en las calles, gente desde sus ventanas emitiendo ruidos con utensilios de cocina por largas horas… en fin, una pesadilla total.

El problema es cuando esta pesadilla se convierte en algo normal para una nación, que tiene hambre de justicia. Nunca aceptaré como normal algo que es destructivo para mi nación.

> **Nunca aceptaré como normal algo que es destructivo para mi nación.**

Es aterrador cuando una nación se acostumbra a protestar de una manera violenta para ser escuchada buscando encontrar justicia. Es frustrante para una nación que sienta que la violencia es la única salida para ser escuchados.

Hablemos del otro lado de la ecuación, de aquellos en poder, que se niegan a escuchar a una nación con hambre y sufriendo injusticias. Aquellos que se hacen insensibles a la voz de un pueblo que merece plenitud de vida. Esta dinámica se ha convertido en un ciclo vicioso y macabro que se ha repetido de una a otra generación. Esta terquedad de parte de aquellos en poder y la angustia de un pueblo totalmente desesperado y sin fuerzas ha generado que la violencia sea la única respuesta y salida.

Y estoy totalmente en contra de este ciclo de violencia donde lo único que está generando es sangre de inocentes que se derrama todos los días en las calles de mi nación. Todo este panorama genera tantas preguntas, pero sobre todo nos hace ver el pasado… si olvidamos la historia repetimos los mismos errores.

IMPOTENCIA

La realidad es que nadie pensó que Venezuela llegaría a ser una nación con la atención mundial puesta en ella debido a su crisis y violencia. Nunca pensé que le negaría servicios médicos un familiar, ya que las facilidades del hospital no estaban preparadas para la intervención quirúrgica que ameritaba en ese momento. Ya era muy tarde… y falleció debido a una condición terminal.

Amada Venezuela, desde este lado del mundo lo que se siente es una gran impotencia. Y esta es tan solo una de las miles y miles de historias que sufren mis hermanos venezolanos. Jamás pensé que la nación pasaría tanta hambre, que viéramos a personas comer de la basura, que escucháramos noticias de presos comiéndose unos a otros, que personas murieran en las filas para entrar a hospitales, que de repente no hubiese medicamentos ni equipos médicos para atender los casos más simples… mucho menos los que requerían de alto cuidado médico.

Que pacientes de salud mental tuvieran que ser lanzados al olvido sin tratamiento, y dejar hijos menores cuidando de ellos solo ganando una miseria semanalmente para comprar cosas simples en una farmacia, si es que estaban disponibles.

¿Qué mente humana en su sano juicio puede dormir en paz en las noches sabiendo que hay muchos sufriendo? Que mezclaran la leche en polvo con talco para multiplicarlo y venderlo a inocentes y ver las muertes de muchos niños. Que la gente tuviera que someterse a una escasez de alimentos y un control inhumano de los mismos en los supermercados. ¿Cuándo un país tan libre y próspero como Venezuela iba a llegar a esto?

La única razón por la que Dios nos bendice y nos hace poderosos en una nación es para ayudar a edificar y cuidar de aquellos que no pueden defenderse por sí mismos.

Una nación no llega a la crisis en un solo día. Se necesitan años para que una nación se convierta en una nación débil y sin capacidad de defenderse. Ha sido por años que se estableció una cultura de violencia cada vez que se trataba de alcanzar un punto.

Las protestas cada vez se convirtieron más y más violentas de ambos lados, de aquellos en el poder tratando de paralizar e intimidar al pueblo con más violencia y el pueblo tratando de llevar su voz en alto para expresar puntos válidos y humanos, defendiendo sus derechos y libertades.

Podríamos estar escribiendo páginas y páginas de todo lo que ha estado ocurriendo en Venezuela, pero mi intención en este libro es llevar a cada persona que sufre opresión en su nación, a creer en el poder de Dios para que la gloria descienda, recibir la visita del Espíritu Santo en esta generación, que la adoración e intercesión sean restauradas y que la manera de protestar cambie.

CREE

Creer en el poder de Dios para que la gloria de Dios descienda, es un cambio de mentalidad radical. Una nación, cuando está bajo opresión, usualmente comienza a creer más en la crisis que en Dios. No creo que sea algo intencional en contra de Dios, pero sí creo que es algo natural de los humanos hacer esto.

Por ende, las personas comienzan a buscar un libertador o alguien con poder aquí en la tierra para librarlos de la opresión y cambiar el rumbo de sus circunstancias. Sin embargo, Dios desea celosamente que el pueblo ponga toda su confianza y esperanza en Él. Un pueblo que crea en Su poder y especialmente en quién es Él. Que Su poder es real para transformar toda circunstancia y para generar planes que a nadie se le habían ocurrido antes. Él tiene el poder de colocar conexiones divinas para una nación. Como también tiene todo el poder para derramar milagros y prodigios a través de personas que se levanten a proclamar Su nombre en alto.

Veo una nación que está de parto en el Espíritu.
El nacimiento de una nación adorándote a Ti,

Oh Dios.
Dios mío, Tú eres quien coloca todos
los límites y expectativas.
Sé que traes luz y vida a todo a través de Tu Espíritu.
(marzo 8, 2017)

VOCES PROFÉTICAS

Proclamar la Palabra de Dios abiertamente no es cosa fácil de hacer, y menos en una atmósfera de opresión, donde hay tanta turbulencia y distintas creencias, y muchas personas culpando a Dios por lo que está sucediendo.

Sin embargo, es sumamente importante que se levanten personas con el poder de Dios para que Su gloria descienda, a través de voces proféticas. Dios desea restaurar las voces de hombres y mujeres en una nación como profetas de Él, que repitan exactamente lo que Él está diciendo.

Algo enorme sucede cada vez que voces proféticas se levantan en una nación hablando lo que Dios está diciendo, te asegura que lo que Dios dice no es lo que están viendo y muchos menos está ligado a planes de mal y opresión.

El profeta Ezequiel se atrevió a profetizar para ver la gloria de Dios descender: *"Me dijo entonces: Profetiza sobre estos huesos, y diles: Huesos secos, oíd palabra de Jehová."* (Ezequiel 37:4).

La atmósfera necesita escuchar lo que Dios está diciendo, todos los profetas de Dios deben atreverse a ver por encima de toda opresión y a proclamar lo que Dios está diciendo sin ningún temor. De esto se trata, de recibir la visita del Espíritu Santo en esta generación.

Un gran comienzo para la reconstrucción de una nación es a través de la profecía, profetizar Su Palabra. Las Palabras de Jesús rompen y quebrantan el poder de una opresión. El proclamar la Palabra de Dios a través de la profecía provoca el aceleramiento de la gloria de Dios para una nación. El practicar lo profético y creer en lo profético que Dios tiene para tu nación desata altas medidas de libertad.

Por lo tanto, debemos atrevernos a profetizar y a ver a Jesús salir y pelear por nosotros colocando un freno a toda opresión. Este freno coloca un fin aun a la opresión demoníaca causada por la idolatría a otros dioses paganos. Jesús trae una libertad permanente transformando la historia de una nación que nunca querrá regresar al pasado.

Todo lo que Jesús hace es permanente, lo profético es permanente y por la eternidad. Lo profético une generaciones. Lo profético nos acerca a intimar más con Jesús, que es la meta primordial para todo profeta.

> *"En aquel día levantaré el tabernáculo de David que está caído, y restauraré sus brechas; levantaré sus ruinas y lo reconstruiré como en los tiempos antiguos, como en los años de las generaciones pasadas."*
> (Amós 9:11, Peshitta)

Te invito a levantar esta oración conmigo, allí donde estás:

Amado Jesús, quien restauras todo.
Jesús Tú eres el principio y final de cada profecía,
Eres la manifestación viva de cada profecía.
Eres el cumplimiento de cada profecía y
el único que construye las memorias en una nación.
Para Ti es toda gloria.
Hoy corro hacia Ti,
Rogándote por la restauración de mi voz profética,
la voz profética que has puesto en mí.
Hoy se rompe todo silencio en mí.
Reconozco con toda humildad que todo
proviene de Ti y va hacia Ti.
La voz que se ha silenciado por temor,
por lo que estoy viendo,
Por la atmósfera de opresión... y por todo lo que
me ha quitado, hasta el respirar para orar
y buscar Tu rostro.
Hoy, en fe y agarrado de Tu mano
Decido voluntariamente abrir mi corazón,
Mi espíritu y mi entendimiento a lo profético.
A la pureza de Tu Palabra,
sin confusión ni variación.
Mi nación te necesita, necesitamos Tu voz.
Amado Jesús, ven y profetiza
una vez más sobre nosotros,
Yo anhelo y necesito Tu voz.
Abro mi mente para recibir con claridad Tus Palabras
y especialmente Tu Palabra profética

para mi nación en esta mi generación.
Hoy, profetizo que veré Tu gloria en mi generación,
Aquí en mi tierra.
Que Tus profecías corren por mis calles.
Hoy profetizo TU GLORIA EN MI NACIÓN.
HOY SE DERRAMA TU GLORIA AQUÍ.
HOY TE INVOCO SOLO A TI, JESUCRISTO.
HOY PROCLAMO TU NOMBRE EN MI NACIÓN.
Hoy, renuncio a todo temor
que me ha paralizado e intimidado,
y abro mi vida a lo profético
en el nombre de Jesucristo. Amén.
(junio 17, 2017)

ADORACIÓN E INTERCESIÓN

La adoración e intercesión deben ser restauradas en una nación, de la misma manera que la que voces proféticas. La adoración es uno de los regalos más hermosos que podemos tener de parte de Dios.

Es en la atmósfera de la adoración que la presencia del mismo Dios se derrama, es el lugar donde podemos entrar a Su cámara secreta, es el mejor método de comunicación, es donde todo lo profético es revelado, donde conocemos a Jesús, donde toda opresión se disuelve, donde vemos a Jesús saltando entre montes.

Es donde recibimos las fuerzas para continuar, es donde ganamos esperanza, donde nuestros ojos espirituales son abiertos, es donde escuchamos las frases que Jesús está derramando.... es un lugar de descanso. Es el lugar donde Jesús se sienta con nosotros y habla directamente a nuestro corazón. En donde conocemos el corazón del Padre a través de Jesucristo.

Personalmente es mi lugar favorito, mi lugar de refugio. Es el lugar más seguro que existe en nuestra vida. Es el lugar más seguro que le proporciona Dios a una nación mientras invocamos Su nombre.

Me gusta mucho cuando adoro a Dios junto a la congregación, es un deleite. Valoro muchísimo las personas con las que adoro a Dios en el altar, son las memorias más preciadas de mi vida.

Sin embargo, hay un secreto cuando adoro en lo privado, cuando comienzo a levantar cánticos nuevos que nunca había entonado, cuando empiezo a buscar Su corazón, Sus Palabras, y cuando empiezo a escucharlo en frases pequeñas pero muy significativas.

Cada cántico ha salido de Su Hermosa habitación, de allí sale toda revelación, encuentro, libertad y manifestación. Son impresionantes las imparticiones de Dios que recibimos cada vez que le adoramos.

Dios Amado, ruego por la petición
de cada uno de Tus hijos.
Yo sé que nos escuchas y nos atiendes en todo.
Dios de abundantes planes de justicia y protección.
Tú tienes cada una de nuestras peticiones y confiamos

en Tus planes y voluntad.
Sé que todo lo que haces es perfecto y bueno.
Gracias por visitar cada una
de nuestras peticiones con justicia y amor.
(mayo 30, 2017)

La intercesión es un arma de rendimiento y profunda entrega a Dios. Es el lugar donde le decimos a Dios que esperamos en Él y que en Él está la esperanza de todo lo que estamos rogando. Es el lugar donde humildemente y con mansedumbre llevamos todas las peticiones de nuestra nación a Dios rogando misericordia y auxilio. También es el lugar en el cual llevamos todas nuestras cargas a Jesús y las dejamos en Sus manos una y otra vez.

Es el lugar donde expresamos responsabilidad espiritual por nuestros pecados y por los de nuestra nación, la relación e intimidad con Jesús desata amor y responsabilidad. Es el lugar donde no negamos nada de lo sucedido y buscamos el perdón de Dios. Es el lugar donde nos compadecemos del corazón de Dios por todas nuestras faltas como nación y rogamos de Su perdón. Es el lugar donde decidimos finalmente apartarnos de toda nuestra vana manera de vivir y capacidad de ofender a Dios.

Es donde nos arrepentimos al Espíritu Santo por entristecerlo y apartarlo por todo el peso del pecado. Es donde finalmente somos honestos y rasgamos nuestros corazones a Dios confesando la realidad manchada de nuestras continuas iniquidades.

Nosotros como profetas debemos tomar seriamente nuestro

rol como intercesores. Firmemente creo que es un rol muy estimado para Dios ya que Él escucha el clamor de Sus hijos. Sus oídos están prestos para escucharnos y correr hacia nosotros con liberación y respuestas. El profeta Daniel se atrevió a pararse firmemente en la brecha por su nación para interceder ante Dios con toda humildad y arrepentimiento.

> *Alcé mi rostro delante de Yahveh Dios, para rogar mediante oración y suplica, con ayuno, cilicio y ceniza, y oré ante Yahveh mi Dios, y le confesé diciendo en oración: Oh Yahveh, Dios grande y temible, que guarda el pacto y la misericordia para los que aman y guardan sus mandamientos: Hemos cometido pecado, hemos cometido transgresión, hemos cometido impiedad, nos hemos rebelado y nos hemos desviado de tus mandamientos y de tus juicios. No hemos prestado atención a tus siervos los profetas que han hablado en tu Nombre a nuestros reyes, a nuestros príncipes, a nuestros padres y a toda la gente del país. A ti pertenece, oh Yahveh, la victoria, y nuestro oprobio de rostro, tal como acontece hoy a los hombres de Judá, a los habitantes de Jerusalén y a todo Israel, a los que están cerca y a los que están lejos, en todos los países adonde los has dispersado por motivo de la iniquidad que han cometido contra ti. Nuestro es, oh Yahveh, el oprobio de rostro; de nuestros reyes, de nuestros príncipes y de nuestros padres, pies hemos pecado contra ti. (Daniel 9:3-8, Peshitta)*

UN MODELO DE PAZ

La restauración de la voz profética en la tierra, la adoración e intercesión, provocará una gloria de Dios tan grande en la nación que transformará hasta la manera en que las personas protestan en las calles. Dios cambiará los pensamientos y la cultura aprendida de violencia a una de paz.

Yo siento en mi corazón que Dios quiere levantar profetas no solo para que estén dentro de la iglesia, sino que puedan impactar en lugares políticos y en la sociedad, un nuevo modelo de protesta con la inteligencia del Espíritu Santo, sabiduría y paz de Jesús.

La generación nueva que se está levantando debe tener modelos que enseñen algo distinto a lo aprendido, que es violencia ¿Qué tal si comenzamos a protestar a través del arte? ¿A través de escritos? ¿A través del drama? ¿Con cartas y vocalizaciones? ¿A través de la música? ¿A través de la adoración a Dios en las calles? ¿A través de camisas impresas con mensajes de paz hacia la nación?

Tengo muy claro que una nación no cambia en un día, pero debemos comenzar un modelo de paz desde ahora, porque tarde o temprano se establecerá un modelo a seguir de paz para las futuras generaciones, el modelo de Jesús.

"La paz os dejo, mi paz os doy; yo no os la doy como el mundo la da. No se turbe vuestro corazón, ni tenga miedo."
(Juan 14:27)

JUSTICIA

La justicia de Dios es lo que busca una nación. Deseo expresar que la justicia de Dios no es de nosotros, le pertenece hoy y por la eternidad a Él. Jamás la justicia debe ser ejecutada por nosotros. Jesús es el Juez por excelencia y El hará todo a Su tiempo y en la voluntad del Padre.

Sé que es muy tentador pensar en todas las injusticias, ver que nadie defiende la causa de los humildes, sin embargo, la justicia es de Jesús solamente.

La justicia de Dios libera eternamente
a una nación.

Nosotros no debemos actuar con violencia y con venganza en ninguna circunstancia. La Palabra de Dios establece claramente en Hebreos 10:30 *"Pues conocemos al que dijo: Mía es la venganza, yo daré el pago, dice el Señor. Y otra vez: El Señor juzgará su pueblo."* (Hebreos 10:30)

Nuestro amado Jesús regresará por segunda vez a la tierra, no para morir en un madero, sino para ser un Juez. Jesús es el único digno de desatar justicia sobre todo lo ocurrido, y lo que ocurrirá. Esta autoridad de Juez le fue dada directamente por el Padre celestial. Es un momento muy esperado para todos aquellos que hemos entregado el corazón a Jesús y creemos firmemente que Él regresará nuevamente, así como lo prometió.

"...Si, voy en breve..."
(Apocalipsis 22:20, Peshitta)

"¡Digno eres de tomar el libro y de abrir sus sellos, porque fuiste inmolado, y con tu sangre nos compraste para Dios de todo linaje, lengua, pueblo y raza, y los hiciste reyes y sacerdotes para nuestro Dios, y reinaran sobre la Tierra!"
(Apocalipsis 5:9-10, Peshitta)

"Y los cielos declararán su justicia, porque Dios es el juez"
(Salmos 50:6)

"Porque Jehová es nuestro juez, Jehová es nuestro legislador, Jehová es nuestro Rey; él mismo nos salvará."
(Isaías 33:22)

"Llegará el estruendo hasta el fin de la tierra, porque Jehová tiene juicio contra las naciones; él es el Juez de toda carne; entregará los impíos a espada, dice Jehová"
(Jeremías 25:31)

Amado Dios, enséñame el misterio
de Tus obras de justicia.
Deseo disfrutar cada paso de Tu inteligencia
y voluntad.
Eres un Dios justo, mi Dios.
(abril 13, 2017)

Conclusión

En conclusión, Dios necesita hombres y mujeres valientes como tú y yo para provocar la manifestación del Espíritu Santo en esta generación. Dios anhela que confiemos plenamente en Él, mientras abrazamos Su Palabra, proclamamos Sus profecías, le adoramos e intercedamos con fervor.

Ruego a Dios fortaleza sobre cada lector, y especialmente sobre aquellos que están viviendo en opresión en su nación. Ruego por un rompimiento de gloria sobre tu nación y que la agenda del Espíritu Santo se manifieste. Ruego a Dios para que la justicia de Jesús se manifieste en tu nación.

Anhelo con todo mi corazón escuchar testimonios del poder de Dios en distintas naciones, sé que todos los días Él está visitando a cada nación impartiendo milagros y prodigios. Y anhelo que dejes la mejor herencia a las futuras generaciones, el legado de milagros y prodigios… la ruta de un gran apóstol.

Continuará…

¡Lo profético une a Generaciones!